「将軍」の日本史

本郷和人
東京大学史料編纂所教授

789

中公新書ラクレ

はじめに

将軍になることの意味

二〇二三年に放映されているNHK大河ドラマ『どうする家康』では、大河ドラマとしては久しぶりに江戸幕府の開祖である徳川家康が主人公です。家康は、一六〇三年に朝廷から征夷大将軍に任じられました。

一般的には、家康が征夷大将軍になったときをもって、江戸幕府が成立したとされています。仮にそのように考えると、幕府のトップになるには、征夷大将軍という官職を得なければならないということになります。

しかし、果たしてこの征夷大将軍という官職は、そこまで重要なものだったと言えるのでしょうか。

鎌倉幕府を開いた源頼朝は、一一九二年に朝廷から征夷大将軍に任じられています。

かつての日本史教科書では、この一一九二年に頼朝が征夷大将軍になったことで鎌倉幕府が成立したとされていました。皆さんもご存じのとおり、「いい国《1192》つくろう鎌倉幕府」という年の語呂合わせは、これに基づいています。

ところが、現在の日本史教科書では、この説は否定され、守護・地頭を設置する権利を認められ、頼朝の政権が全国に影響力を及ぼせるようになった一一八五年に鎌倉幕府が成立したのだとしています。これに伴い、年を暗記する語呂合わせも「いい箱《1185》つくろう鎌倉幕府」に変わったそうです。

足利尊氏が開いた室町幕府の場合はどうでしょうか。これもかつては尊氏が朝廷から征夷大将軍に任じられた一三三八年に成立したとされていました。ところが、現在は建武式目が制定された一三三六年を室町幕府の成立年とするのが定説となっています。

つまり、鎌倉幕府にしても、室町幕府にしても、その成立においては、必ずしもトップが征夷大将軍になることが重要だったわけではなくなっているのです。

それでは、そもそも征夷大将軍、いわゆる「将軍」という地位を得るとはいったいどういうことなのでしょうか。

日本人は地位よりも人、人よりも家

「将軍」という地位とは何か。本書ではこの問いについてさまざまな角度から検証したいと思います。先取りして例を挙げると、源頼朝の後を継いだ二代将軍の源頼家は、将軍の地位を得る前から頼朝の後継者として鎌倉武士たちの棟梁、すなわち「鎌倉殿」として政務を始めています。また、室町幕府の六代将軍・足利義教は、くじ引きによって足利将軍家の後継者に選ばれますが、やはり将軍に任じられる前に政務を始めています。

こうした例をみるだけでも、日本人にとって重要なのは「地位」ではなく、どうやら「人」そのものだったのではないかと疑問が湧いてきます。源頼家は鎌倉の武士たちが担いだ頼朝の子という特別な存在でした。足利義教もまた、足利将軍家の家督（家を継いだ者）という特別な人物です。さらに言うならば、その「人」を正当化するのは、血統であり、「家」の論理だということです。

このような日本社会の特徴から考えると、いったい「将軍」であるということはどういう意味を持つと言えるでしょうか。

本書では、さまざまな史実を検討し、歴代の将軍たちを個別具体的にみながら、この将軍とは何かという問いを、私なりに考察してみたいと思います。

目次

第二章　将軍を決めるのは誰か——63

第四章　将軍は何をするのか————123

第五章　歴代将軍たち――157

構成／大野　真
本文ＤＴＰ／市川真樹子

「将軍」の日本史

第一章

将軍とは何か

「地位」よりも「人」を重んじる日本社会

日本は「地位」よりも「人」を優先する社会

将軍とは何かを考えるとき、まず押さえておきたいのは、歴史的にみて日本は、「地位」よりも「人」を優先する社会だということです。

つい私たちは、将軍という地位に就くことで、当然、将軍としての何か特別な「権限」が得られると考えます。現代の会社組織で言えば、出世して部長になれば部長の権限を得る。役員に昇格すれば、権限はさらに大きくなる。「役職＝地位」に伴ってそれ相応の「権限」が得られ、その分、給料も上がる。部長で定年退職を迎えて役職から降りたりすれば、その権限はなくなり「ただの人」になる、というわけです。現代の会社組織であれば、これは至極当然のことと言えます。

つまり、現代社会では通常、地位と大きな権限というものがセットになっていると考えます。しかし、それは、日本の歴史をみる際には大きな誤解を招きかねません。そのような常識から将軍という地位を考えたとき、それ相応の権限や権力という「中身」があるとみなしてしまうことになるでしょう。しかし、日本の歴史においては、実は「地位」と「権限」というものが一対一の対応になっていない場合が多いのです。

日本の院政の特徴――上皇と天皇はどちらが偉いのか

例えば、天皇ではなく、先の天皇である上皇が政治を行う「院政」を考えてみてください。天皇が生前に譲位して上皇になるわけですが、院政の場合、たとえ天皇という地位から降りたとしても、上皇は権力を手放しません。天皇に代わって上皇が政治を行うため、言ってみれば、天皇よりも上皇のほうがはるかに偉いということになるのです。

どちらが上でどちらが下なのかは、「朝覲行幸《ちょうきんぎょうこう》」という、天皇が上皇のところにご機嫌伺いに行く儀式を見ても明らかです。天皇が上皇のところへ行けば、上皇は門前まで出迎えます。そこで二人は挨拶を交わすのですが、どちらから先に「ご機嫌いかがですか」と頭を下げるのかというと、天皇のほうなのです。それに対して、上皇は「元気でやっていますよ」と応じます。

そこには、父と子の家父長制的な権力関係があるとも言えるでしょう。家長であり父である上皇に対して、天皇は子や孫に当たるわけで、「家」的な見方からすれば、やはり父である上皇のほうが偉いということになります。そのとき、その人が持っている力は、地位とは関係ありません。父と子というように、「人」を正当化するのは血統であり、家柄であると言えるのです。

そもそも上皇は略称で、正式には「太上天皇」と言います。中国の道教には「太上老君」というものがありますが、これは最も偉い神様を表しています。太上とは「スーパー」とか「超」とかというような意味合いですから、言うなれば、太上天皇とは「スーパー天皇」のこと。つまり、名称からしても天皇よりも上ということになるのです。

「地位」と「権限＝中身」が一致するのが世界スタンダード

これがヨーロッパの王室の場合、国王がその地位から退くと何になるかというと、「上皇」のような名前があるわけではなく、「ただの人」になります。あくまでも「前の国王」としか呼ばれません。二〇二二年九月に亡くなったイギリスのエリザベス女王のように生涯、王位にある例はありますが、生前退位も普通に行われます。このとき、王位は息子や娘に譲られて、彼らが「国王」や「女王」と呼ばれます。つまり、国王の地位に就けば国王として振る舞うようになるわけです。
これは会社組織における社長や部長、課長といった役職と同じで、ある特定の地位に就くから、そのような振る舞いができる、すなわち権限があるということになります。この場合は、地位に権限＝中身があることになります。

平成の天皇が生前退位される際、その呼称をどうするかが議論されたことがあります。そのときに私は、国王が辞めた後に何か特別な呼称を用いている国が他にあるかどうか、調べてみました。歴史的にみれば、ベトナムの陳王朝（一二二五～一四〇〇）では日本の院政のような政治体制が存在していたようなのですが、その他には特に見つけることができませんでした。つまり、日本の院政のように、地位と権限が一致しないという政治体制は、非常に稀有だということになります。

大御所政治の構造は院政と同じ

日本では、地位と中身が一致しない権力体制が見られるのは、何も上皇と天皇の関係だけではありません。例えば、室町幕府三代将軍の足利義満は応永元（一三九四）年に征夷大将軍を辞し、子の義持に譲りました。ところがその後、将軍となった義持が実権を握ったかというとそうではなく、義満が「大御所」として上位者となり、政治を動かしていたのです。将軍を退いてなお権力を維持していたわけですから、その権力自体は将軍という役職に付随するものではなく、義満という個人に付随するものだったと言えます。このような院政に似た権力のあり方を「大御所政治」と呼びますが、その後の歴史にも、同様の体制が現れています。

織田信長も生前に織田家の家督を息子の信忠に譲っていますが、織田家臣団を動かしていたのはあくまでも信長です。また、信長が本能寺の変で討たれたのち、権力争いに勝利し天下を統一した豊臣秀吉は、「関白」という役職に天下人としての根拠を求めたのですが、天下統一を果たしてまもなく、後継者の甥《おい》の秀次に関白職を譲っています。天下人の権限を関白という役職に詰め込んだのならば、その時点で秀次は天下人と呼ばれ、実権を行使していなければおかしい。しかし、依然として天下人は秀吉であり、また豊臣政権の実権を握り、体制を動かしたのも「太閤」となった秀吉でした。

秀吉の死後に天下を統一し、江戸幕府を開いた徳川家康も同様に、生前に征夷大将軍の職を後継の秀忠に譲っています。それでは秀忠が天下人になったかというとそうではなく、あくまでも家康が「大御所」として政治も軍事も執り仕切っていました。地位を退いたからと言ってその権力がなくなるかというとそうではありません。あくまでも「人」に権力があったということになります。

征夷大将軍とは何か

征夷大将軍という官職

最初にみたように、「地位」よりも「人」を優先するのが日本社会の特徴と言えます。しかし、今日の歴史学者の多くは、現代的な役職のあり方に慣れているせいか、将軍という官職には固有の中身があると見なしてしまいます。例えば、建久三（一一九二）年、源頼朝が朝廷から征夷大将軍に任じられます。地位と権限が一致しているならば、頼朝は征夷大将軍になったから、それに伴うさまざま権限を行使できるようになったとみなすでしょう。歴史学者もそのように考えていたからこそ、この頼朝の将軍就任をもって鎌倉幕府が成立したとされていました。

しかし、地位と権限が一致しない日本社会の特徴からすれば、征夷大将軍という役職には中身などなく、むしろ頼朝自身が実力で積み上げてきた、東国武士の棟梁という権力が先にあったと言えるでしょう。

最初の征夷大将軍・坂上田村麻呂

ところで、頼朝が任じられたのは「征夷大将軍」です。征夷大将軍といえば、平安時代の坂上田村麻呂が蝦夷征討のために任じられたということを思い起こす読者も多いのではないでしょうか。

坂上田村麻呂は延暦一〇（七九一）年から蝦夷征討に参加し、延暦一六（七九七）年に桓武天皇から征夷大将軍に任命され、兵を率いて遠征したとされます。

ここで補足しておきたいのは、蝦夷、つまり当時の東国がどんな位置づけにあったか、ということです。実は日本列島の東西は、同じように発展していったわけではありません。大陸との交流によって、進んだ文化や制度は日本列島の西側から流入し、西国を中心に発展してきました。天智二（六六三）年に勃発した白村江の戦いで倭・百済軍が唐・新羅軍に敗北するまでは、朝鮮半島に利権があり、軍事や政治・貿易などの意識は朝鮮半島や中国大陸のほうへと向いていたと言えます。

しかし、八世紀以降、東国の反乱に備えて「将軍」を置くようになります。天皇の代替わりなど重要な出来事があった際に朝廷は「固関《こげん》」という行事を行ってきましたが、これは読んで字のごとく、関を固める（封鎖する）ということです。この関は三つありました。すなわち、愛発関《あらちのせき》、不破関、鈴鹿関です。それぞれ現在の福井県、岐阜県、三重県にあたる場所です。この三つの関を縦に結ぶラインが日本列島を東西半分に分けるラインであり、奈良や京都を中心とした西国の政権にとっては、関の西側こそが「こちら側」です。関の東側は「関東」と呼ばれ、いわば未開拓の地を意味していました。ちなみにこの三つの関のうち、現在の岐阜県にある不破関は、天智天皇の後継を巡って勃発した壬申の乱や、天下分け目の合戦である関ヶ原の戦いが行われた場所でもあり、日本列島における地政学的な要所だったと言えます。

三つの関の東側＝関東が未開の地とされたわけですから、さらに都からはるか遠くにある東北地方は、もっと情報の少ない土地だったことが推して知れます。こうした未開の地にいる蝦夷を征討するために、坂上田村麻呂は征夷大将軍に任命されたわけです。

やがて時代が下り、一二世紀になると東国で武士の政権である鎌倉幕府が成立し、その棟梁である源頼朝は征夷大将軍に任命されます。歴史学者の多くは、坂上田村麻呂がそうだったように、東国を支配することに対して一定の正当性を与える役職が「征夷大将軍」だったのではないか、というように議論したわけです。

しかし、前述したように、地位と権限が必ずしも一致しないということであれば、「征夷大将軍」はただの役職名にすぎず、中身は何もなかったのではないでしょうか。征夷大将軍に任じられたことで、頼朝は鎌倉幕府を開く権限＝東国を支配する権限を得られたのか、それとも東国を支配するほどの権力を有していたからこそ、征夷大将軍に任じられたのか、という問題です。

頼朝はなぜ征夷大将軍になったのか——『三槐荒涼抜書要』の発見

源頼朝はなぜ征夷大将軍になったのでしょうか。その顚末は、近年発見された『三槐《さんかい》荒涼抜書要《こうりょうぬきがきのかなめ》』という史料によって明らかにされました。

平安時代末期から鎌倉時代初期の公家・中山忠親の日記『山槐記』と、鎌倉時代前期から鎌倉時代後期の公家・藤原資季の日記『荒涼記』はすでに研究者の間ではよく知られていました。『三槐荒涼抜書要』はこのふたつの日記から、別の貴族が必要なところだけを抜き書きして編まれたものです。

多くの研究者はオリジナルである『山槐記』や『荒涼記』を読みますから、抜き書きの『三槐荒涼抜書要』はきちんと調べられたことがなかったのです。駒澤大学の櫻井陽子先生がこの史料を詳しく調べたところ、『山槐記』では記述が落ちてしまっていた部分が記されていることがわかり、その結果、頼朝が征夷大将軍に任命されたときの状況がわかってきたのです。二〇〇四年に発表された櫻井先生の論文は学界で大きな話題になりました。ちなみにこの『三槐荒涼抜書要』は、私が勤務する東大史料編纂所に所蔵されていた史料ですから、まさに灯台下暗しでした。

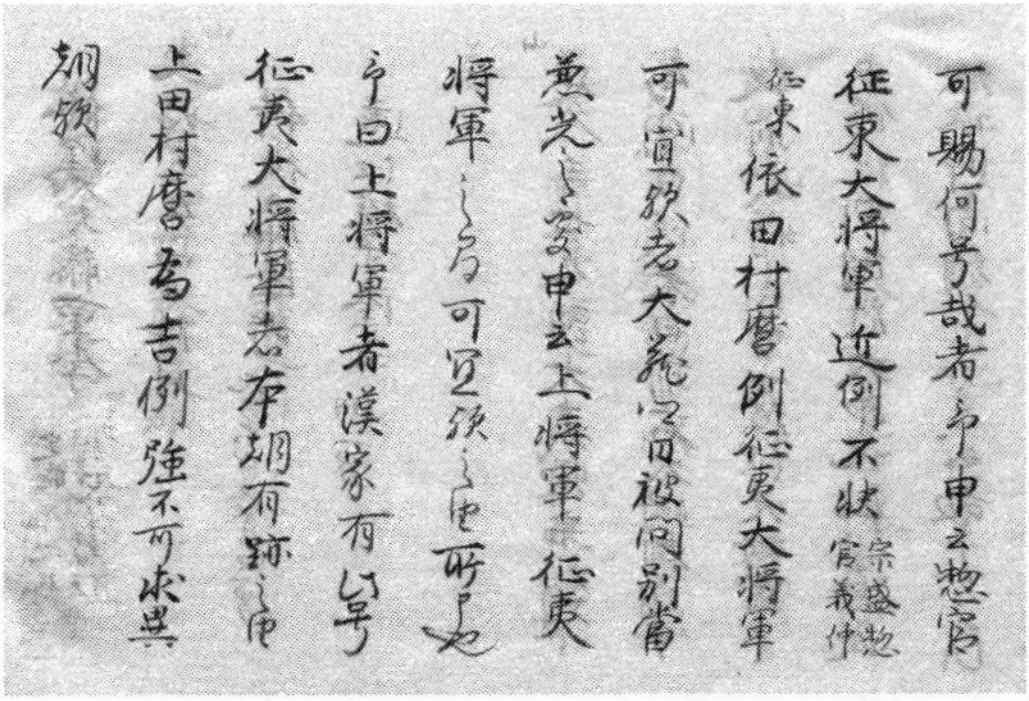
『三槐荒涼抜書要』より（国立公文書館蔵）．２行目から木曽義仲が「征東大将軍」に任じられたことがわかる

頼朝は征夷大将軍にこだわらなかった

それでは『三槐荒涼抜書要』によって新たに判明したことは何か。まずひとつは、源頼朝よりも早く都入りを果たし、平家一門を西国に追い払った木曽義仲が任命されたのは、征夷大将軍ではなく「征東大将軍」だったということ。もうひとつは、頼朝が朝廷に任命を求めたのは

征夷大将軍ではなく、ただの「大将軍」だったということです。

このふたつが何を意味しているのか、順を追って説明していきます。一一九二年の頼朝の征夷大将軍就任の直前に、後白河上皇が亡くなっています。この事実から、「頼朝はずっと征夷大将軍という役職が欲しかったので朝廷に申し出ていたが、後白河上皇がそれを拒み、なかなか就任できないでいた」とかつては考えられていました。後白河上皇の死後、頼朝の申し出を拒否できる者がいなくなり、やむなく朝廷は征夷大将軍に任命したというわけです。この考え方によるならば、頼朝は征夷大将軍という役職を欲しており、それは鎌倉に幕府を開く権限を得るためだったとされます。結果、征夷大将軍に任命された時点をもって、鎌倉幕府が始まったとみなされ、鎌倉幕府一一九二年説が採用されてきたのです。

しかし、新たに判明した『三槐荒涼抜書要』の記述によれば、頼朝は征夷大将軍になることを望んでいません。「大将軍」を要求していたことがわかったのです。

頼朝の申し出を受けて、朝廷側も前向きに検討しています。そこで提案されたのが「征東大将軍」で、これは朝廷が木曽義仲に与えたものでした。けれども義仲は頼朝によって討たれていますので、縁起が悪いため却下となりました。この記述によって、義仲が征夷大将軍ではなく、「征東大将軍」に任命されたことが明らかにされたのです。

続いて、畿内の軍事的権限を持つ「惣官（総官）」が検討されました。平清盛亡き後に平家一門を率いた平宗盛が与えられた官職です。しかし、宗盛は治承・寿永の乱、いわゆる源平の戦いで敗れて斬首となっているので、これも縁起が悪い。「征東大将軍」も「惣官」も縁起が悪いのでダメ、それでは、中国にある「上将軍」はどうか、というようにさまざまな案が検討された挙げ句、歴史を顧みて、坂上田村麻呂が征夷大将軍として見事に東の蝦夷の制圧を成し遂げていることが注目されました。これは縁起が良いということで、功成り名を遂げた田村麻呂にあやかって、頼朝を征夷大将軍にすることが決まったのです。

つまり、結局は「縁起が良いから」という理由で、頼朝は征夷大将軍になったのです。ということは、やはり、その役職自体には中身はなかったということになります。

私は以前、『三槐荒涼抜書要』が発見される前に、自著『新・中世王権論』のなかで、「乱暴に言えば、頼朝は、また幕府はどんな官職でも良かったのだと考えている」「名称はどうあれ、内実は頼朝が策定していくほかない。要するに頼朝は、今までにない強力な主従関係の指標として、それらしい響きをもつ官職が必要だった」と書いたことがあります。その際に私が批判の対象として念頭に置いたのは、先に述べたように「征夷大将軍」という役職それ自体の内容・中身を過大に評価する説のことだったのです。この批判は、『三槐荒涼抜書要』によって裏付けられたと言えるでしょう。

「大将軍」を希望した頼朝の真意

ただ、少なくとも頼朝は後白河上皇が亡くなったのを見はからって「大将軍にしろ」と朝廷に要請しています。つまり頼朝が特別な役職を欲しがっていることに対して、後白河上皇が否定的だったという点はおそらく間違いなかったのでしょう。

その点も含めて考えると、頼朝が「将軍にしろ」と言うのではなく「大将軍にしろ」と言った、その真意は何だったのかが気になってきます。つまり、「将軍」と「大将軍」の違いは何か、ということです。

この場合、「将軍」というのは、朝廷内の官位官職における「近衛大将《このえのだいしょう》」を指しています。近衛大将には「右近衛大将《うこんえのだいしょう》」と「左近衛大将《さこんえのだいしょう》」があり、常置の官職で一人ずつ置かれました。大将と言っても、軍事を司るわけでも警察権を有しているわけでもありません。

ここでやや横道に逸れますが、朝廷の位階制度と官職について少し詳しく説明しておきます。天智二（六六三）年の白村江の戦いにおける敗戦が契機となり、大和朝廷では氏族集団の連合体から単一国家建設への機運が高まりました。中国を範として、律令制の導入を目指します。しかし、中国の内情に合わせて作られた律令制度は、日本の実情にはそぐわないところもたくさんありました。その対応のための方便として作られたのが「令外官《りょうげのかん》」です。日本の実情に合わせて、律令に記された官職以外の役職を作ったのです。

当時の朝廷の官職を簡単に説明すると、まず国司を中心とした地方官がいます。この地方官より一段、格上となるのが中央の役人ですが、これを議政官とします。議政官のなかで最も位が低いのが参議です。参議の定員は八人と決められています。参議の上が中納言で、仮の中納言を権中納言と呼びますが、定員は決まっていません。中納言の上が大納言です。これも定員は決まっていません。

大納言から上が大臣ということになります。朝廷では「左」のほうが上位とされていますから、内大臣の上が右大臣、右大臣の上が左大臣、その上に太政大臣がいます。大臣はそれぞれ一名と決められています。

これらの官職のうち、令外官はどれかというと、まず参議です。次の中納言、ひとつ飛ばして内大臣も令外官となります。大納言、右大臣、左大臣はいずれも律令によって規定されていますので、令外官ではありません。こうみると、中国から輸入した律令をかなり換骨奪胎して、多くの令外官を置き、日本風にアレンジしていることがわかります。

話を戻しますと、左近衛大将と右近衛大将は、基本的には大納言が兼任することになります（先述したように、朝廷では「左」を上位と考えますから、左近衛大将と右近衛大将では前者のほうが格は上です）。そのすぐ上の内大臣に欠員が生じると、大納言のうち、左近衛大将もしくは右近衛大将の官職を持っている者が任命されるのが常でした。

言ってみれば、「将軍＝大将」になれば大臣にリーチをかけたということになるわけですから、それはある種の特権的な役職だったということがわかります。しかし、引いてみればそれは狭い朝廷の世界のなかの話であり、あくまでもひとつのルール、約束事にすぎません。大将になったからと言って、貴族の装束を脱ぎ捨てて軍服を着たり、武装したりしなければならないということでもない。単なる名目にすぎないということです。

「将軍＝大将」というものは、ただの名目にすぎませんが、しかし、頼朝が朝廷に求めたのは将軍ではなく「大将軍」です。「将軍＝大将」は右近衛大将と左近衛大将の二人がいますから、少なくとも唯一無二という感じはありません。おそらく頼朝は、源氏の嫡流で東国の武士をまとめ上げた自分を特別な存在と考え、「将軍＝大将」を超えるような、もっと自らにふさわしい特別な役職を望んでいたのではないか。それが「大将軍」という言葉の真意だったのではないか。そのように考えることもできると思いますし、最近まで私自身もそのように考えていました。

しかし、歴史上に現れた「将軍」、特に中国の歴史における「将軍」というものを考えてみると、もう少し異なる解釈ができるということにも最近になって気づいたのです。

「大将軍」と「将軍」

中国におけるさまざまな将軍

日本では将軍というとすぐに連想するのは「征夷大将軍」だと思いますが、中国に目を移してみると、『三国志』などにはさまざまな種類の「将軍」が登場します。

ざっと挙げてみると、「輔国将軍」「飛燕将軍」「驃騎将軍」「車騎将軍」「衛将軍」などなど。このような将軍を総称して雑号将軍と呼びますが、もともとこのような役職があるわけではなく、そのときその人の立場に合わせて、さまざまな号がつけられたと考えられています。中国史は私の専門ではないのですが、「驃騎将軍」（騎兵隊長、がそもそもの意味）や「車騎将軍」（同じく、戦車隊長）は格上の号として、時代が下ったのちもしばしば登場する雑号将軍です。

そのほかよく見るものとして、前後左右の将軍があります。「前将軍」「後将軍」「左将軍」「右将軍」です。『三国志』（物語の『三国志演義』ではなく歴史書のほうです）で劉備は漢中王になりましたが、その際に前後左右の将軍を定めたとされています。

この前後左右の将軍のなかでもっとも偉いのが前将軍であり、物語で義弟とされる関羽がこれにあたります。前将軍というと、日本では前の将軍、つまり先代の将軍と考えがちですがそうではありません。あくまでも前後左右の将軍です。次の後将軍が黄忠、左将軍は馬超、右将軍は「桃園の誓い」の物語で有名な、もう一人の義弟である張飛になります。

この前後左右の将軍を定めた際、関羽が苦言を呈したという話が伝わっています。張飛は長年、ともに劉備に仕えてきたわけだから右将軍に選ばれることに何の異論もない。また馬超は曹操に敗北し劉備に助けを求めてきた人物であり、もともと群雄の一人で劉備と同格であるから左将軍になるのも問題ない。しかし、なぜ黄忠が後将軍なのか。歴史書のなかでもこの黄忠という人物はほとんど記述がなく、出自もよくわかりません。数少ない登場の場面では、優秀だがすでに年老いた指揮官として出てきます。今でも中国では、歳をとっても矍鑠《かくしゃく》としている人を「あの人は黄忠みたいだ」というような言い方がされることがあります。関羽は「なぜ自分と並ぶ後将軍に黄忠ごときが選ばれるのか」と不服を述べたとされています。

さて、劉備はその後、蜀の皇帝となり、その際、張飛は車騎将軍になったとされます。このようにさまざまな将軍がいたことがわかります。将軍はたくさん存在したわけですから、「大将軍」と呼ばれる官職は、さまざまな雑号将軍と区別され、数ある将軍のなかでも一番偉い将軍という意味合いであり、源頼朝はそれを狙っていたのではないか。私も当初はそのように考えていました。

倭の五王と安東大将軍

この「大将軍」という役職についてもうひとつ、倭の五王に関するエピソードを紹介しましょう。倭とは古代日本のことを指しますが、中国の南朝の宋の正史『宋書』に登場する倭国の王のことで、讃、珍、済、興、武と記されています。この五王が『日本書紀』などで知られる歴代の天皇の誰に対応するのかは、諸説あります。讃は応神天皇や仁徳天皇、履中天皇、珍は反正天皇、済は允恭天皇、興は安康天皇、武は雄略天皇をあてて考えることが多いようですが、いまだに議論されているところです。

さて、皇帝に貢物を献上して王位を認めてもらい、その権威によって自らの権力を正当化するというのが、当時の中国との外交でした。朝鮮半島や日本列島の王たちにとって、中国の皇帝から王として認められることが重要だったわけです。例えば、百済の辰斯王は東晋（宋の前の王朝）から「鎮東将軍」に任じられ、「百済王」となりました。

また、『宋書』の「倭国伝」では、倭王の珍が、使持節と都督という位、倭、百済、新羅、任那、秦韓《しんかん》、慕韓《ぼかん》の六国諸軍事を司る「安東大将軍」に任ずるよう要請したとあります。五王のうち、珍や済、興は大将軍ではなく、ただの「安東将軍」の称号を贈られましたが、武は「安東大将軍」に叙任されています（ただし、『宋書』本紀では、済は「安東大将軍」に進号されたともあります）。

安東や鎮東と名がついているということは、当然ながら「安西将軍」や「鎮西将軍」など、それぞれ東西南北の将軍がいたことになります。それでは「鎮」がつく将軍と「安」がつく将軍とではどちらが偉いかというと、どうやら「鎮」がつく将軍だったようです。つまり、鎮東将軍（百済王）と安東将軍（倭王）では、鎮東将軍のほうが偉いということになります。そして、倭王の武が任じられた安東大将軍は、とりあえずは安東将軍よりも上の位ということになります。なお鎮東将軍のさらに上位に征東将軍があり、高句麗王がこれに任じられた。征＞鎮＞安だ、というのが韓国の学界では唱えられているようです。このあたりの解釈には微妙な事情も絡んでいそうですね。

「開府儀同三司」とは何か

倭王武は、宋に使者を送って、自ら「開府儀同三司」という役職を称し、その承認を求めています。

この「開府儀同三司」とは何かというと、意味から考えると「開府」と「儀同三司」に区切られます。儀同三司は「儀は三司に同じ」と読みます。この三司とは三つの役職を意味しており、時代によって異なるため諸説ありますが、主にそれぞれ中国の中央政府の最高官である「司空」「司徒」「司馬（のち太尉）」という役職を指していたと考えられます。

司空とは築城や水利などの土木を管理する高官、司徒は戸籍の管理や教育を司る高官、司馬（太尉）は軍事・警察を統括する高官のことです。これら三つの役職は、自ら幕僚を決定する権限、いわば自分を支える部下を自分で決定することができる特権を有していました。つまり、その特権が「開府」ということになります。

例えば、日本では明治三一（一八九八）年に「元帥府」というものが設置されています。「元帥」というのは軍事上の最高職を意味しており、少将、中将、大将と来て、さらにその上に位置するある種の名誉職でした。この元帥になると、本来は自分の幕僚（部下）を自分で決めることができる、というように人事権を付与されます。日本ではあくまで名誉であり、大将が兼ねる職でしたが。こうしたことを踏まえ、元帥になるときは、「元帥府を開く」という言い方になるわけです。大将以下にはそのような権限はありません。

つまり、この元帥と同じように、自分で自分の部下を選ぶことができるということが、すなわち「開府」なのです。

司空、司徒、司馬（太尉）の三司は、自分の部下を自分で選ぶことができる。つまり開府できる。安東大将軍である武が「開府儀同三司」を称したということは、大将軍もまた、三司と同じように開府することができるという意味なのです。

「大将軍」になろうとした頼朝は「開府」の権限を欲した⁉

やや遠回りになりましたが、このように中国の歴史書と倭の五王のエピソードに基づいて考えてみると、「大将軍」になるということは、「開府儀同三司」、つまり「開府」する特権を得るのと同義であるということになります。

『三槐荒涼抜書要』で新たに判明したように、源頼朝は朝廷に「大将軍にしてくれ」と申し出ました。ということは、頼朝は「開府儀同三司」、すなわち「開府」する特権を求めた、ということになるのでしょうか。

頼朝がそこまで中国の歴史に通じる教養人だったかどうかは定かではありませんが、彼は鎌倉に武士の政権を作る際、大江広元をはじめとする京下りの文官を多数、ヘッドハンティングしています。当時、歴史を学ぶということは中国の歴史を学ぶということですから、当然ながらこうした文官たちは中国の歴史書を読み、中国的な教養をしっかりと身につけています。

公文所（後の政所）の初代別当を務めた大江広元は、いわば文官のトップです。源頼朝をどのように位置づけるべきかと考えた際、京都の朝廷から半ば独立した地位に就けることを画策し、中国の歴史に倣い、「大将軍」を要求するよう、頼朝に進言したとも考えられます。

開府するということは、自分で自分の部下を決めることができるという点で、天皇を中心とする朝廷の影響力から脱することを意味していると言えるでしょう。当時は「幕府」という言葉はありませんが、開府するということはまさに「幕府」を開くということです。そのような意味を込めて、鎌倉で開府する＝鎌倉に幕府を開くために大将軍に任じてほしいと申し出たのかもしれません。

それこそが、頼朝が朝廷に対して「大将軍にしてほしい」と求めたことの真意だった。つまり、ただ単に将軍を超える「大将軍」という役職、すなわち他に類のない特別な官職を求めたということではないのです。それはまさに鎌倉の武士政権の、半ば独立性のようなものを強調する意があったのではないか。近年、私はそのように考えるようになりました。

そして、これは中世における国家権力に関して長年の議論となっている「権門体制論」「東国国家論」の論争のうち、「東国国家論」を土台にしてはじめて成り立つ説だと言えます。

権門体制論と東国国家論

中世の国家権力をいかに考えるか。かつて黒田俊雄先生によって提唱された「権門体制論」では、「権門」と称される有力な諸勢力が、相互補完の関係を保ちつつ、天皇を支えるひとつの大きな国家体制を構成していたとされます。この「権門」とはすなわち、近衛家や西園寺家、北畠家といった朝廷に奉仕する「公家」、比叡山延暦寺や興福寺、石清水八幡宮といった「寺家（社家も含む）」、武士たちを示す「武家」などのことを指しています。

これに対して、私の恩師である石井進先生は「果たして中世に国家はあったのでしょうか」と述べるにとどめました。権門体制論は「常識的に考えて、中世にも国家はあった」というところからスタートしていますので、その前提自体があやふやであって、すなわち権門体制論など成り立つはずがないよと、指摘したのです。石井先生の師である佐藤進一先生は、京都の天皇を中心とした朝廷に対し、鎌倉にも将軍を中心とした幕府があり、両者は並び立つ存在だったと考えました。つまり天皇を中心とした西国に対して、東国には将軍を中心とした別の国家体制があったとする「東国国家論」を提起し、佐藤先生は権門体制論に反対の立場を取ったのです。

先に述べたとおり、源頼朝が「大将軍になる」ということは、自ら幕僚を選ぶ権限を得るということであり、すなわち鎌倉で開府する＝鎌倉に新しい政権を作るということを意図したものだとするならば、それは言い換えれば朝廷から半ば独立性を確保するということです。これはまさしく天皇を中心とした西国から独立した国家体制が東国にあったとする東国国家論を土台に成り立っていると言えます。

話を整理すると、頼朝が「大将軍にしてほしい」と申し出たということは、すなわち「東国の鎌倉に（半）独立勢力を作るのでそれを認めてください」と朝廷に願い出たということになります。それは開府する権限、すなわち自分の部下を自分で選ぶ権限です。幕府を支える御家人たちは頼朝と主従の関係を結んだ、頼朝が選んだ部下と言えますが、まさにそのようなかたちで、頼朝は鎌倉に、「武士による武士のための武士の政権」を作ったのでした。

この「大将軍にしてほしい」という頼朝の願いに、朝廷はその真意を見抜いていたかどうかは別として、「木曽義仲に与えた征東大将軍も、平宗盛に与えた惣官も縁起が悪いので、縁起がいい征夷大将軍にしましょう」と応じた、ということになります。


やはり「鎌倉幕府一一九二年説」が正しい!?


このように考えると、「いい国つくろう鎌倉幕府」と語呂合わせで習ってきた、一一九二年を鎌倉幕府の成立とする説はあながち間違いではなかったと言えるかもしれません。

先に征夷大将軍という役職は結局、名前だけで中身はないのだと述べました。その考え方からすれば、頼朝はその中身を自分の実力で作り上げてきたわけですから、征夷大将軍に任命されてもただ単に勲章のひとつが増えただけにすぎず、鎌倉幕府の成立とは関係ないだろうと考えられます。

これに対して、一一八五年に守護・地頭を設置することを許可されたということは、鎌倉幕府の力が全国へと広まっていくことを意味します。頼朝が中身のない征夷大将軍になったことより、ずっとエポックメイキングなことです。現在の日本史の教科書で鎌倉幕府の成立を一一九二年から一一八五年へと変更した背景には、この守護・地頭の設置を重視する立場があったからと言えるでしょう。

しかし、本章で見てきたように、頼朝が「大将軍」になることを求めた真意が、鎌倉を（半）独立の権力であると朝廷に認めさせるためだったとするならば、一一九二年の時点で鎌倉幕府が成立したと考えるのは、実は一定の説得力があると言えなくもないわけです。

他方で、私はこれまで一一八〇年という年にも注目してきました。少し説明すると、鎌倉幕府の内実は言うなれば「武士による武士のための武士の政権」であり、「源頼朝とその仲間たち」だったと考えられます。東国の武士たちは、頼朝を棟梁と仰ぎ、その力を結集することで、自分たちの権益を守ろうとしました。その権益とは、とりわけ自分たちの土地の保証＝安堵を得ることを意味しています。武士たちは頼朝の命令に応じて戦い、頼朝はその恩賞として土地を安堵する。頼朝が土地を安堵することを「御恩」、武士たちが頼朝のために戦うことを「奉公」と呼びます。この御恩と奉公の関係によって、頼朝＝鎌倉殿と直接に主従関係で結ばれた鎌倉の武士たちは御家人と呼ばれました。

頼朝は最初の挙兵以来、紆余曲折を経て南関東を制圧し、鎌倉入りを果たします。そして、これまで付き従ってきた御家人に論功行賞として所領を与え、土地の安堵を行ったのでした。このとき、まさに「源頼朝とその仲間たち」という関係が明確になり、武士による武士のための武士の政権が鎌倉に誕生したと言えるのです。このように考えると、頼朝が鎌倉入りを果たしたこの年、すなわち一一八〇年に鎌倉幕府が成立した、というのが私が考える「一一八〇年説」です。

しかし、仮に頼朝が「大将軍」を要求し、その真意が朝廷から（半）独立を認めてもらうことであったならば、実際にそれを朝廷に認めさせて征夷大将軍に任じられた一一九二年は、十分に意味があることになります。この観点からすると、鎌倉幕府の成立は一一九二年でもよいのかもしれません。

武士のトップは将軍なのか

源頼朝の下文

もう少し鎌倉幕府の成立年の話を続けましょう。

一一八〇年の段階では、源頼朝は挙兵以来、自分に付き従ってきた御家人たちに土地の安堵を行うに際して、それを保証する下文《くだしぶみ》という文書《もんじょ》を使っています。要するに、下文には「あなたがこの土地を所有していることは私が認めます」と頼朝自身のサイン、すなわち花押があり、それによって保証されているわけです。そのように頼朝自筆の花押がされた下文は、「頼朝袖判《そではん》下文」と呼ばれます。

しかし、その後、政権の形が確立され、御家人の数も多くなると、この下文は頼朝本人ではなく、政治を司る「政所」（その前身が公文所。頼朝は征夷大将軍になって、公文所を政所に改めた）という役所で作成されるようになりました。下文作成の主体が頼朝本人から政所に移り、政所から文書が出されるようになったということです。政所が主体になって作成される「政所下文」には、当然ながら、頼朝自筆の花押はありません。有力御家人の千葉常胤が政所下文に対して、「こんなものは子々孫々のための証拠にはならない。頼朝様の自筆の花押があってこそ、初めてありがたいものなのだ」と言って、頼朝袖判下文を求めたという逸話があります。頼朝も「千葉常胤がそこまで言うなら」と自分の花押入りの下文を特別に与えたと『吾妻鏡』には記されています。

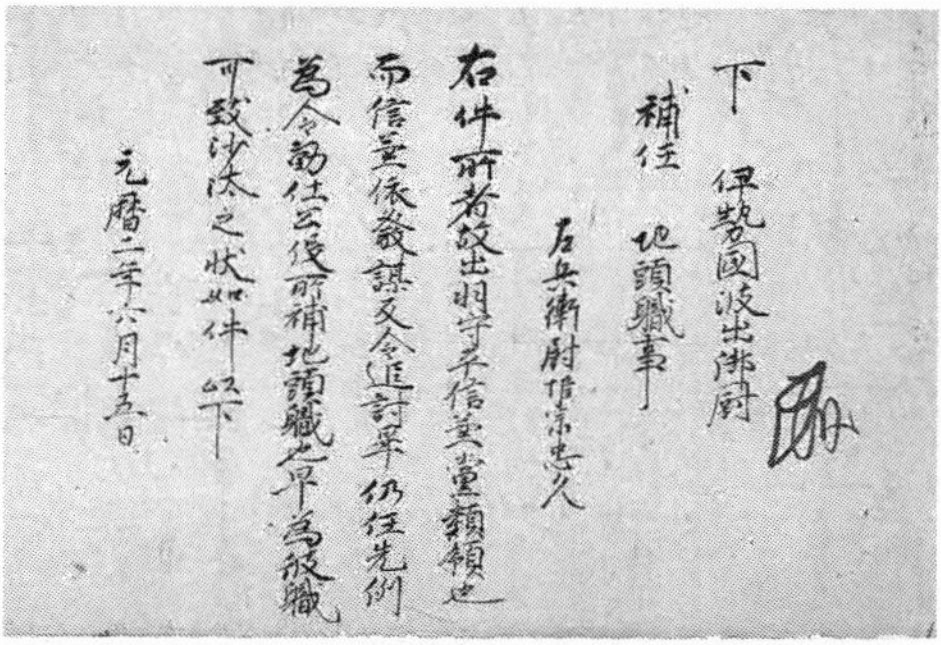
下　伊勢国波出御厨
補任　地頭職事
左兵衛尉惟宗忠久
右件所者故出羽守平信兼党類領也
而信兼依発謀反令追討畢仍任先例
為令勤仕公役所補地頭職也早為彼職
可致沙汰之状如件以下
元暦二年六月十五日

源頼朝袖判下文（「島津家文書・歴代亀鑑」より．東京大学史料編纂所蔵）．右端に頼朝の花押がある

鎌倉幕府成立年の新説「一一九〇年説」

さて、ここで考えたいのは、政所によって政所下文が出されたという事実です。これは逆に言えば、政所を開設すると政所下文を出せるということになります。政所を開設するためには、朝廷における貴族の位階のなかで、三位に昇格する必要がありました。位階は上から一位、二位、三位、四位、五位……とあるわけですが、三位より上が一流の貴族の証です。この三位になると政所を開き、自分の財産などを管理することができるわけです。

それでは「政所を開く」とは具体的にはどういうことなのかというと、先述した「開府儀同三司」の話と同じように、政所で働く役人を自分で選ぶことができる権限を得るということなのです。通常、政所で働く役人というのは、朝廷の下級官吏たちが務めました。そのような人々を「うちで働かないか」とヘッドハンティングして連れてくるというのが、「政所を開く」ことの内実だったのです。

例えば、紫式部『源氏物語』の主人公である光源氏も一流の貴族ですから、自分の政所を有しています。当時の一流貴族はみな政所を所有しており、自分の土地財産を管理させていました。つまり、頼朝も三位以上の位階となり、政所を開けるようになっていれば、政所下文を出して土地の安堵を行うことができたはずなのです。

では、頼朝が三位以上の位階を得たのはいつだったかというと、それは一一九〇年のことでした。すでに平家は滅亡し、前年に奥州藤原氏を滅ぼしたこの年、頼朝は伊豆の蛭《ひる》ヶ《が》小島《こじま》に流されて以来、およそ三〇年ぶりに都入りします。そこで後白河上皇に初めて対面しました。その際に頼朝は二位の位階を授けられ、権大納言と右近衛大将に任命されます（ちなみに、頼朝は権大納言と右近衛大将についてはすぐに辞任しています）。この歴史的事実を考えると、実際には一一九〇年の段階で、頼朝は政所を開くことができたはずです。

ところが、鎌倉幕府の正史である『吾妻鏡』を調べると、頼朝は政所を開く際に政《まん》所始《どころはじめ》という儀式を行うのですが、実際に執り行われたのは、頼朝が征夷大将軍になってからのことです。つまり一一九〇年に二位の位階を得た段階で政所を開けるにもかかわらず、一一九二年に征夷大将軍に任命されるまで、わざわざ二年もの月日を待ってから開いているのです。

政所を開くことができるにもかかわらず、征夷大将軍に任命されるのを待ってからそうしたと考えるならば、頼朝にとってそれだけ征夷大将軍の役職が重要だったと推測できます。

こうなってくると、かつて私が考えていた「征夷大将軍は名前だけで中身・内容がないただの役職」という説は、撤回せざるを得なくなってきます。

「武家のトップが将軍」でよいのか

さて、本章ではこれまで「征夷大将軍」とは名ばかりのものか、それとも中身・内容の伴うものだったのか、という点を検討しながら、「将軍」「大将軍」について考えてきました。そこには、順を追って考えてきたように、さまざまな解釈がありうるわけですが、室町時代でも江戸時代でも、武家政権のトップがみな征夷大将軍になっているというのは歴史的な事実です。

武家のトップになると、朝廷から征夷大将軍に任命される。そして、幕府のトップとなる。果たして、そのように考えてよいのでしょうか。

「征夷大将軍に任命されないと幕府のトップにはなれない」という主張は、幕府よりも朝廷を重視する立場を取っているとも言えます。つまり朝廷の承認を得ないと、武家の政権である幕府のトップにもなれないということです。その決定権はあくまでも朝廷にあったとする立場です。

しかし、武家の政権のなかで最初に征夷大将軍となった頼朝の場合をあらためて考えてみると、頼朝は建久五（一一九四）年、あれだけ欲しがっていた征夷大将軍をあっさりと辞任しているのです。頼朝が征夷大将軍だったのはわずか二年余りのことでした。

しかしその後、建久一〇（一一九九）年に急死するまで、頼朝は鎌倉幕府のトップであり、武家のトップであり続けました。つまり征夷大将軍でなくとも、幕府のトップであることに変わりはなかったわけです。

先ほど説明した政所下文の例で言えば、頼朝が将軍を辞めたのちに出された下文は、「前将軍家政所下文」となっており、少なくとも頼朝は自分の第一の官職は将軍であることを意識していたと考えられます。ところが、征夷大将軍を辞任して以降の下文のなかに、一通だけ「前右大将家政所下文」とされる文書が存在することも判明しています。

このいずれを重視するかで解釈は分かれますが、将軍ではなく右大将を強調する下文も使用していたことに着目するならば、やはり頼朝はそこまで征夷大将軍というものにこだわっていなかったのかもしれないとも考えられます。

さらに大事なのは、頼朝の子・頼家の場合です。一一九九年に頼朝が急死すると、子の頼家が武士たちの棟梁、つまり「鎌倉殿」を受け継ぎます。二〇二二年に放映されたNHK大河ドラマ『鎌倉殿の13人』の「鎌倉殿」とは、頼朝ではなく頼家のことを指しています。ではそのとき、頼家は征夷大将軍になったかというと、実はなっていないのです。実際に頼家が朝廷から征夷大将軍に任命されるのは、建仁二（一二〇二）年、つまり二代目鎌倉殿になってから三年後のことでした。

室町時代や江戸時代の将軍については、後章であらためて検討しますが、少なくとも室町幕府や江戸幕府のトップと征夷大将軍はイコールの関係で結ばれていたと考えられます。特に二六〇年余も続いた江戸時代を見ると、将軍職は徳川家の世襲であり、先の将軍が亡くなれば、自然に次の将軍を選び、お飾りであったとしても幕府のトップとなるというような世襲体制を作りました。それに基づくならば、征夷大将軍＝幕府のトップと自動的に捉えてしまいます。

しかし、頼朝と頼家の例を考えると、武士政権の初期においてはそうではなかったとも言えるのです。

将軍の権力は何によって保証されるのか

うか。

「征夷大将軍」が武家政権のトップであることを証明するものではないとすると、源頼家はどういう根拠でもって武家政権のトップと認められ、御家人を束ねていたのでしょうか。

権力を保証する「神による承認」

このときに注目したいのはある種の宗教的な権威づけ、人智を超えた存在である「神」による承認という根拠です。例えば、イギリスでは二〇二二年九月、エリザベス女王が亡くなりました。次のイギリス国王となったのはチャールズ皇太子（チャールズ三世）ですが、国王に即位する際にはイギリス国教会のカンタベリー大主教から王冠を授けられます。これは神による承認のセレモニーと言えます。

武士たちの棟梁である鎌倉殿を根拠づける際にも、これと似たようなかたちが取られたのではないかとも考えることができます。もちろん、イギリスで信仰されているのはキリスト教すなわち一神教ですから、イギリス国を承認する神も唯一絶対のものです。ところが、日本の場合は多神教なので、いったいどの神がそのような承認をしてくれるのかはよくわかりません。

しかし、そこで私が気になっているのは、そもそも武士がどのように起こり、生まれてきたのかという点と関連するのです。

武士と狩猟の密接な関係

朝廷の官職について解説した際、まず地方には国司を中心とした地方官がいると述べました。地方官は守《かみ》、介《すけ》、掾《じょう》、目《さかん》の四つからなります。やがて下のほうの官職から形骸化していき、一番上の守が国司のことを指すようになりました。現代で言えば、国司は県知事のようなもので、地方の政治を司っていました。

平安時代、国司の任期は四年と定められていますが、国司は任期中の四年間のうちに一度、大規模な「大狩り」を催しました。狩猟の腕が認められ、この狩りに参加できる者が「武士」となるのです。つまり、国司の主催する大狩りへの招待状が届いた人は、周囲から武士だと認定されるわけです。

逆に言えば、ただ単に馬に乗るのが上手だから、弓矢の扱いが見事だからといって好き勝手に「武士」だと名乗っても、周囲からは認められません。それはマタギのような狩猟者・狩人と何の違いもありません。国司が主催する大狩りに出席できたときに初めて、その人は武士と認められるのです。

また、この大狩りとは、もともと国司が土地の神に感謝の意を表すために行っていたとされます。この大狩りで猪や鹿といった大きな獲物が獲れると、それは土地の神が祝福してくれたことを意味し、その神に感謝を捧げるのです。

このような武士のあり方からすると、武士と狩猟とは密接な関係であったことがわかります。また、武士にとって馬に乗れることと弓矢を扱えることは必須条件でした。つまり、狩りがよくできる人というのが武士の要件だったわけです。しかし、繰り返しますが、ただ単に狩りがうまいだけでは駄目で、国司に認められて大狩りに出席できなければ、やはり武士ではないということになります。

富士の裾野の大巻狩りと矢口祭

武士と狩りの密接な関係ということで思い当たるのは、建久四（一一九三）年に頼朝が催した富士の裾野の大巻狩りです。『曽我物語』で描かれるように、この大巻狩りの最中、曽我十郎祐成と曽我五郎時致の兄弟が父の仇である工藤祐経を討つという事件が起こったことでも知られています。

この大巻狩りで、頼朝の子・頼家は鹿を仕留め、それを祝して宴が催されました。その宴の前に、矢口祭《やぐちのまつり》という儀式が行われています。短冊形の赤と白と黒の餅を用意し、特に選ばれた三人の弓の名手が頼朝のもとに次々と進み出て、この三つの餅を積み、それぞれの家に合った作法で、三者三様にその角を齧《かじ》る、というふうに行われたそうです。余談ですが、赤と白と黒というのは、当時の三原色のようなものかもしれません。赤は女性が化粧で必ず使っていた紅の色です。白も化粧のおしろいの色で、黒は髪の色であり、お歯黒の色でもあります。ですから、赤、白、黒という三原色の餅を用いて、ある種の神事を行っていたのだとも考えることができます。

それぞれの家に独自の作法があったということは、おそらく頼朝の一家、将軍家だけに限らず、武士の家では子が元服、すなわち成人になったときに狩りに連れて行き、獲物が見事に獲れたなら、この矢口祭を行っていたのだと思われます。その際、獲物が獲れたということは土地の神がその子に祝福を与えたと解釈されます。

「神からの承認」は後継者を周囲に認知させるための方法

ただ、この矢口祭に関する記述というのは、『吾妻鏡』にしか出てこないもので、その実態はいまだによくわかっていません。民俗学や文化人類学の研究では、子どもから大人に移行する際、しばしば通過儀礼が行われることが明らかになっていますが、まさにこの大巻狩りと矢口祭は、頼家にとっての通過儀礼だったとも言えるかもしれません。

大巻狩りで、頼家が見事に鹿を射止め、土地の神に祝福されて一人前の大人として認められた。頼朝にしてみれば、頼家が自分の後継者であることを、御家人たちの前で公表する機会だったというわけです。私の恩師の石井進先生も、頼朝が大巻狩りを行った目的のひとつには、息子の頼家が自分の後継者であることを内外に示すことであったと指摘していました。

このような頼朝による地ならしもあったことで、一二歳だった頼家は、御家人から自分たちの棟梁の後継者であると認識され、その六年後に父が死去した際にも、スムーズに鎌倉殿を受け継ぐことができたのです。本章の最初の話に戻るならば、頼朝の後を継いだ頼家にとって重要だったのは、征夷大将軍という「地位」を得ることではなく、父が遺した源氏の「家」を確実に受け継ぐことだったと言えるでしょう。それはまさしく「世襲」の論理です。

他方で、そのように将軍にふさわしい人物であると周囲から認知されるための手段として、大巻狩りと矢口祭があったとするならば、人智を超えた神という存在による承認もまた、当時としては重要だったのだろうと思います。言い換えるならば、次の武家の棟梁、すなわち将軍に相応しい人物を決めるのは、「神の承認」だったとも考えられるのです。

第二章
将軍を決めるのは誰か

くじ引きで決められた将軍

誰が将軍を決めるのか

第一章では、そもそも将軍という役職にどんな意味があるのか、将軍になるとはどういうことを意味するのか、さまざまな事例に基づきながら考えてきました。第一章の終わりでは、源頼朝が息子の頼家を、自分の後継者として御家人たちに認めさせるために、大巻狩りや矢口祭といったある種の神事を催したことに触れました。つまり、「神の承認」をもってして、権力者として認められるということです。果たしてこれは正しいのか。いったい誰が将軍を決めるのかという問いについて、第二章ではもう少し深掘りしてみたいと思います。

そこでまず考えたいのは、時代は少し下り、室町時代の将軍、とりわけ室町幕府四代将軍の足利義持と、その弟で六代将軍となった足利義教についてです。義持は、自分の息子である五代将軍・足利義量《よしかず》が若くして亡くなったのち、その後継を自分で決めないまま、自らも亡くなりました。困り果てた家臣たちは石清水八幡宮まで赴き、その場でくじを引いて次の将軍を決めます。こうして六代将軍となったのが義教でした。くじ引きで決められたので、しばしば「くじ引き将軍」と呼ばれます。

次の将軍を決めずに亡くなった義持も無責任ながら、家臣たちも家臣たちで、くじ引きで将軍を決めるとは、なんと適当なことだろうかと読者のみなさんも思うのではないでしょうか。しかしそこには、誰が将軍を決めるのかという問いに答える、重要なヒントが隠されていたのです。

大御所政治を始めた三代将軍・足利義満

足利尊氏を初代とする室町幕府の歴代将軍のなかで、とりわけ三代将軍となった足利義満が最大の権力者だったと言えます。

第一章で述べたように、鎌倉幕府の当初の権力を支えたのは「鎌倉殿」と主従関係を結んだ御家人たちでした。時代が下り、室町時代に入ると、幕府を支えたのは「奉行人」と「奉公衆」という将軍の直臣になります。

ここでいう奉行人とは政治・裁判を補佐する武士のことで、家ごとに世襲されました。

足利義満の時代には、文官的な働きをする武士たちが相当数、育っていたのです。

これに対して、奉公衆とは、幕府直轄の軍を指しています。京都に常駐しており、その費用は幕府直轄地である御料所を奉公衆らに預け置くことで捻出されました。彼らは荘園の代官に任じられ、税金を取る際に、上がりの一部を自分の懐に収めて、残りを幕府に上納します。義満の頃には、その兵力は三〇〇〇人にも上ったと言われています。守護大名が京都に連れてこられる兵が三〇〇人ほどだったとされていますから、かなりの兵力を誇っていたと考えられます。

足利義満像（東京大学史料編纂所所蔵模写）

足利尊氏の頃には、将軍の尊氏自身が軍事を担う奉公衆的な武士たちをまとめ、弟の足利直義《ただよし》が政治を担う奉行人的な武士たちをまとめるという体制でした。佐藤進一先生は、将軍の権力を軍事（主従的支配権）と政治（統治的支配権）の二つから成立すると考え、「将軍権力の二元論」と呼んでいます（詳しくは第四章で議論します）。尊氏の代では、尊氏が軍事を担い、弟の直義が政治を担うことで、軍事と政治が分かれていましたが、孫の義満（厳密にはその父の義詮《よしあきら》の代ですが、彼はそのあとほどなくして没した）の代になって政治と軍事がひとりの将軍のもとに統合されたのです。

そのような強大な力を持った義満は、征夷大将軍の職を子の義持に譲ったものの、「室町殿」（鎌倉幕府における武士の棟梁のことを鎌倉殿と呼びますが、室町幕府においては室町殿と呼ばれました）として実権を握りつづけました。第一章でも述べたとおり、これがいわゆる「大御所政治」の始まりです。

かつて今谷明先生が『室町の王権　足利義満の王権簒奪《さんだつ》計画』のなかで、義満は皇位を簒奪しようとし、天皇になろうとしたと述べたことがあります。義満が将軍を義持に譲ったのは、皇位（天皇）を狙ったからだと論じて、大変にセンセーショナルな話題を提供しましたが、今ではその説を支持する研究者はほとんどいません。

とはいえ、足利義満は、将軍のほうが天皇よりも上なのだという実力の違いを示すことで、その実権を奪うのに成功したと言えるかもしれません。天皇よりも上皇のほうが偉いということは第一章で述べましたが、政治の実権を握る上皇に仕えた中級貴族たちを全て、義満は自分の下に置いたのです。天皇・上皇が政治の実権を失ったことをもって、象徴天皇制はこのときから始まったという論者もいます。その意味では、上皇とほぼ同格となった足利義満は、天皇権力をも乗り越えたのだと言えないことはないのかもしれません。

父・義満の政治を全てくつがえした四代将軍・足利義持

このように、足利義持が征夷大将軍となったとき、政治の実権は大御所である父・義満が握っていました。将軍でありながら権力を振るうことができなかった義持は、当然ながら義満とは折り合いが悪く、その政策に対しても内心、反対していたと考えられます。というのも、応永一五（一四〇八）年に義満が急な病で倒れてそのまま亡くなり、義持が実権を握るようになると、父・義満が行った重要な政策を次々とひっくり返していったのです。

将軍と天皇の関係においては、義満は先述したように上皇周辺の中級貴族たちを取り込み、自らの配下に置くことで、朝廷と幕府、貴族と武士の一体化を図ったと言えます。つまり、その両者の上に君臨する「室町殿」という存在を構築したのです。

そんな義満の死後、朝廷からは「太上天皇」の尊号、つまりは上皇の名前を贈りたいという申し出がありました。しかし、義持は先例がないということで断っています。

当時の朝廷側のトップは一休宗純の父ではないかとも言われる後小松上皇でしたが、義持と後小松上皇の仲は非常に良好だったと言われています。父・義満と違って、義持は武士は武士、貴族は貴族、将軍は将軍、天皇は天皇として、適切な距離が大事だと考えていました。そのため、足利将軍家と天皇・上皇の関係はより融和的なものへと見直されていきました。

外交においては、義満は大陸の明とのいわゆる日明貿易を行ったことでも知られています。貿易といっても、国と国同士の純粋な貿易ではありません。明の冊封体制のなかで、日本側は貢物を持って挨拶に行き、帰りにはその一〇倍以上になる土産をもらって帰国するというようなものでした。その船には商人が乗船し商売を行いましたから、大きな儲けになります。この日明貿易を通じて、当時の日本には唐物が大量に流入しました。これが刺激となって、反対に和物と呼ばれるような日本独自の文化が発達、のちに「侘び」「寂び」「幽玄」などに代表される東山文化に結実します。

また、明との交渉のなかでは、足利義満は天皇を差し置いて「日本国王」を名乗っており、明側からも承認されていました。逆に言えば、日本国王を名乗れるほどに、義満は武士も貴族も掌握していたということになるでしょう。ところが、義持の代になるとこの日明貿易は停止され、日本国王として承認されることもやめてしまいました。

さらに義満は晩年、自らが可愛がっていた近臣たちをそれぞれ要職に就けていましたが、義満の死後、義持はそれらの者たちを次々に失脚させています。このように義持は、父・義満の政策を全面的に転換する辣腕を振るったのでした。

足利義持像（東京大学史料編纂所所蔵模写）

足利義持の後継問題

最大の権力者となった三代将軍・義満、その後を継ぎ、さまざまな改革を行った四代将軍・義持。義満、義持の頃に、守護大名たちと連携しながら、室町幕府は最盛期と呼ばれる時代を築いていきます。

そんな義持にとって唯一の悩みの種となったのが、後継者問題でした。彼には後継となる男子は嫡男の義量ひとりしかいませんでした。この義量に将軍を譲ったのち、自分は父・義満と同じように大御所として実権を手放しませんでした。将軍になっても権力を振るうことができなかった不満からか、もともとそうだったのかはわかりませんが、義量は浴びるように酒を飲む性分だったようです。早くからの大酒飲みが祟《たた》り、酒毒のため体を壊して、若くして亡くなってしまいます。五代将軍に就任して、わずか二年のことでした。

義持にとってはたったひとりの息子で、そのほか自分の直系に後継になる男子はいません。とはいえ、当時四〇歳だった義持は、「自分はまだ元気だし、いずれ男子ができるだろう」と希望を抱き、新しい将軍を立てずにまた自分が将軍になって、引き続き政治を執り仕切ったのです（つまり、五代将軍・義量の死後、四代将軍だった義持が将軍職に復帰して六代将軍になったと言えなくはないのですが、ややこしくなりますから、ここではそのようには数えません）。

もともと実権を握っていたのは義持でしたから、室町幕府の運営上は特に問題はありませんでした。ところが将軍に復帰して三年後に、義持もちょっとした病で亡くなってしまうのです。風呂でできもの（雑熱《ぞうねつ》といいます）を掻いていたら破れてしまい、そこから雑菌が入り、感染症を引き起こして、高熱を発して亡くなったとされています。

義持が高熱で倒れた時点で、これは助からないと考えた守護大名ら幕閣は、瀕死の床にふせっている義持に、「次の将軍には誰を据えたらよいでしょうか」と尋ねました。しかし、義持は誰も指名することなく、「お前たちで決めろ」と答えて亡くなったのでした。

守護大名たちはくじを引いた

義持には若死にした義量以外に息子がいませんでしたが、四人の弟がいました。いずれも剃髪し仏門に入っていましたが、この四人の弟たちを候補に、彼らのうちのひとりを次期将軍にしようということになります。守護大名たちは話し合い、石清水八幡宮でくじ引きをして決めることにしました。

時の管領で守護大名の代表格だったのは畠山満家でしたが、この人が、石清水八幡宮の社頭でそれぞれの候補者の名前を書いたくじを引き、幕府に戻って開封しました。すると、そこに記されていたのは青蓮院義円という名でした。この義円は、義持と母親が同じ弟で、青蓮院の門跡となり、天台座主にもなった人物でした。

くじを引いて決めたというのは、いわば神慮に委ねたということです。神に判断を任せたことになります。八幡神は武士を守護する神ですから、石清水八幡宮でくじを引くというのは、それなりに理にかなっていたとも言えます。第一章の終わりに紹介した、富士の裾野の大巻狩りで、源頼朝の後継者として頼家が神から承認を受けた話を思い出してください。当時、神意を聴くということは、一定の説得力を持つことだったと考えられます。

義持のブレーンだった三宝院満済が暗躍

神の意志。中世研究者はそこに疑いを持ちません。本当にそうでしょうか。人がワルい私は、そんなに素直に神を信じることができません。つまり、このときのくじ引きは八百長だったのだろうと考えているのです。おそらく、四つのくじには、すべてに「青蓮院義円」と書いてあったのではないか。

私の見立てでは、おそらくこの義円を後継者にするべくプロデュースしたのは、三宝院満済という醍醐寺の僧侶です。満済はもともと摂関家（五摂家のうち二条家）の分家・今小路家の出身で、父親の極官（最高の官職）は大納言でした。若い頃から足利義満に才覚を認められ、非常に可愛がられていた。おそらく、男色の関係にあったのではないかと思われます。

この三宝院という院家は、足利将軍家とこれ以上ないほど密なる結びつきを持っている寺です。当時の天台宗や真言宗の僧の最上位に位置するのは、将軍を祈りのパワーで守る護持僧という存在でした。将軍の護持僧は一〇人ほどからなり、一二人であるときは毎月それぞれ担当者を決め、将軍の平安や無病息災を祈っていました。彼らこそは当時の仏教界のトップであり、それらを構成するのは摂関家出身者がほとんどでした。そうした僧侶に自分の利益《りやく》増進を祈らせるのですから、当時の足利将軍家は摂関家すら凌ぐ力を持っていたことになりますが、その護持僧を束ねる役目を担ったのが、この三宝院の門主でした。

三宝院はなぜ、そうした地位を獲得したのでしょうか。それは、足利尊氏と三宝院門跡の賢俊とが人格的に深く結びついていたことに始まります。賢俊は僧侶にもかかわらず、尊氏のためなら戦場に出て戦死することも厭わないというような人物でした。その恩に報いるかたちで、尊氏は三宝院の寺格を大幅に引き上げたのです。また、賢俊の実家であった日野家から足利将軍家の妻が出るという習わしができました。ちなみに、のちに八代将軍の足利義政の妻となる「悪女伝説」で有名な日野富子も、名前の通り、日野家から足利家に嫁ぎました。

三宝院の門跡についても、日野家の人物を三宝院に入れ、後継とするのが習わしでした。ところが、義満は何を思ったか、自分が溺愛していた満済を三宝院の跡取りとしたのです。満済の実家は摂関家の分家ですから、三宝院門跡を代々務めていた日野家より上位なのですが、無理矢理、満済を跡取りにねじ込んだわけです。

先述したように、四代将軍・義持は、父・義満が行ったことはことごとくひっくり返してしまいましたが、なぜかこの満済だけは例外で、三宝院門跡にとどめました。よほど能力のある人物だったのでしょう、義持は満済に、仏事についてのみならず、政務のさまざまな相談をしています。

今日、満済が記した『満済准后日記』が残されており、当時の様子を窺い知ることができます。それによると、義持もはじめのうちは仏事に関することだけを満済に相談していたのですが、次第に政治の相談を持ちかけるようになっていったことがわかります。満済は義持の相談に的確に答えており、義持のブレーンとなっていくのです。非常に優秀な保守政治家だったという定評が、現在でもあるのです。

おそらく、義持が亡くなったのちに全体の絵を描いたのは、この満済だったのだろうと私は見ています。満済は、四人の弟たちのうち将軍にふさわしいのは青蓮院義円だろうと考えていた。あるいは、実際にくじを引いた管領の畠山満家もグルだったかもしれません。実は満家と満済とは非常に良好な関係でした。この二人が結託すれば八百長は容易《たやす》い。こうして、満済がキングメーカーの黒幕となり、青蓮院義円が六代将軍・義教になったのです。

なお、還俗した義円は当初、義宣という名前を名乗っていましたが、「世を忍ぶ」と連想させることから、義教に名を改めました。便宜上、ここでは義教で統一します。

幕府のトップは誰が決めるのか

政治に前向きな足利義教

こうして六代将軍となった足利義教でしたが、彼は政治に対して極めて前向きな人物でした。くじ引きで選ばれて将軍と決まったからには、すぐに政務を見ようと前のめりの姿勢で、やる気十分だったのです。

ところがこれに待ったをかけたのが朝廷でした。時の朝廷は、義教がすぐに将軍に就くことを認めなかったのです。なぜかというと、義教がまだ剃髪した僧体（当時の言葉で、法体《ほったい》）のままだからという理由だったのです。当時の男性にとって頭頂部を見せることは大変な恥でした。そのため、成人男性は必ず烏帽子をかぶるのですが、それには髪の毛が生え揃っていなければなりません。烏帽子は髻《もとどり》を結ってかぶせ、簪《かんざし》を差して固定します。

烏帽子をかぶるということは、その人が元服して成人となったことの証です。そして元服するとは、朝廷から官位（位階）・官職をもらう資格があるということも意味しています。

つまり、還俗したばかりでまだ髪が生え揃っておらず、烏帽子をかぶることができない義教は、ある意味、僧侶でもなければ俗人でもない、よくわからない存在だと言えるでしょう。それはまだ官位・官職を与えるには値しない、まるで子どもと同じということになってしまいます。

この官位・官職というのは、具体的にいうならば、すなわち「征夷大将軍」のことです。ですから朝廷側の論理としては、朝廷が征夷大将軍の官職を与えないうちは、あなたは将軍として振る舞ってはなりませんということなのです。朝廷側からすれば、「あなたを将軍にするのはわれわれ朝廷の側なのですから、無下にしないように」という意向が込められているわけです。

実際には、大きな権力を有した者に官位・官職を早く与える方法はいくらでもあったのです。あるいは、当時の後小松上皇をはじめとする朝廷側は、還俗したばかりの義教に対し、世情に疎く経験に乏しいだろうとあなどっていたのかもしれません。

足利義教像（東京大学史料編纂所所蔵模写）

「もしここに覇王が現れたらどうするのか」

義教は政治への意欲が大変強い人物でしたから、「自分が征夷大将軍になることは決まっている。征夷大将軍の官職が得られていなくても、先に政務は始める」と言い出します。それに対して朝廷は、自分たちの意向を無視しないようにしてほしいと直接伝えるわけにもいかない。そこで、幕府と朝廷の橋渡しをする伝奏《てんそう》を務めていた貴族の万里小路時房《までのこうじときふさ》が、義教に対して次のように述べたのです。

「仮に征夷大将軍になっていないあなたが政治を行っているときに、非常に強い勢力を持った敵が現れたらどうなるでしょう。原理的に言って、将軍になっていないあなたには、敵を否定することはできないのではないですか。征夷大将軍という地位を軽んじて、あなたが政治を行ったのならば、自分は敵と同等だとみなすようなものです。あとは戦って強い者が勝つ、そうした事態になってしまう。だから、征夷大将軍という地位を得てから、政務を始めたほうがよいのではないでしょうか」（時房の日記『建内記』より。一部、文脈に合わせて改変）

具体的には、このとき朝廷側は「もしここに覇王が現れたらどうしますか」と伝えたのでした。この「覇王」とは何かというと、これは中国の春秋時代に使われた言葉です。当時の貴族は中国の古典をよく読んでいましたから、それに依拠したものと言えます。

春秋時代の中国には、各地にさまざまな諸侯がいます。当時の王朝は周（東周）です。周王朝を全国の諸侯が支えるというのが一応の秩序ですが、その諸侯のなかで大きな勢力を持ち、そのほかの諸侯を統率して周王朝に忠誠を誓わせるという役割を担ったのが「覇王」でした。

当時、諸侯が盟約を結ぶ際には牛を生贄《いけにえ》として、耳を切り、その血を啜《すす》るという習慣があったそうです。牛の耳を切るのは同盟の盟主、つまり「覇王」が担いました。「牛耳を執る」ということが転じて「牛耳る」という言葉になり、「集団などの中心になって、自分の思い通りに事を運ぶ」というような意味になったとされます。

春秋時代には、「春秋五覇」というように五人の覇王を数え上げた呼び方もあります。

この五覇に誰がふさわしいのかは議論が分かれていますが、第一に挙げられるのは、山東半島に大きな勢力を持った斉の桓公です。

余談ですが、桓公は美食趣味でも知られ、易牙という料理番を近臣に置きました。この易牙が満漢全席のもととなる中華料理の基礎を作ったとされています。易牙は桓公のために、自分の幼い子供まで料理して振る舞った、というエピソードも伝わっています。

また、斉の桓公と並んで必ず春秋五覇に数えられるのが、重耳、すなわち晋の文公です。重耳については、作家の宮城谷昌光先生が小説『重耳』で取り上げたのでよく知られているのではないかと思います。

このように「覇王」を持ち出すことで、朝廷は義教が政務を行うことに待ったをかけたのでした。

鎌倉公方は覇王か

当然、朝廷だけでなく、幕府の上級武士にとっても中国の古典は学ぶべき教養でしたから「もしここに覇王が現れたらどうしますか」と言われれば、その意味はよく理解できました。覇王は端的に言えば「力が強い者」ですから、仮に「日本に覇王＝強大な力を持つ者が出てきたらどうするのか」ということになります。つまり、万里小路時房が述べたのは、「征夷大将軍ではないあなたが政治を執り仕切ったときに、覇王が出現したならば、あなたには征夷大将軍というお墨付きがないのだから、覇王を否定する大義名分となるような根拠を持てないのですよ」という意味なのです。

足利氏略系図　丸数字は将軍、数字は鎌倉公方

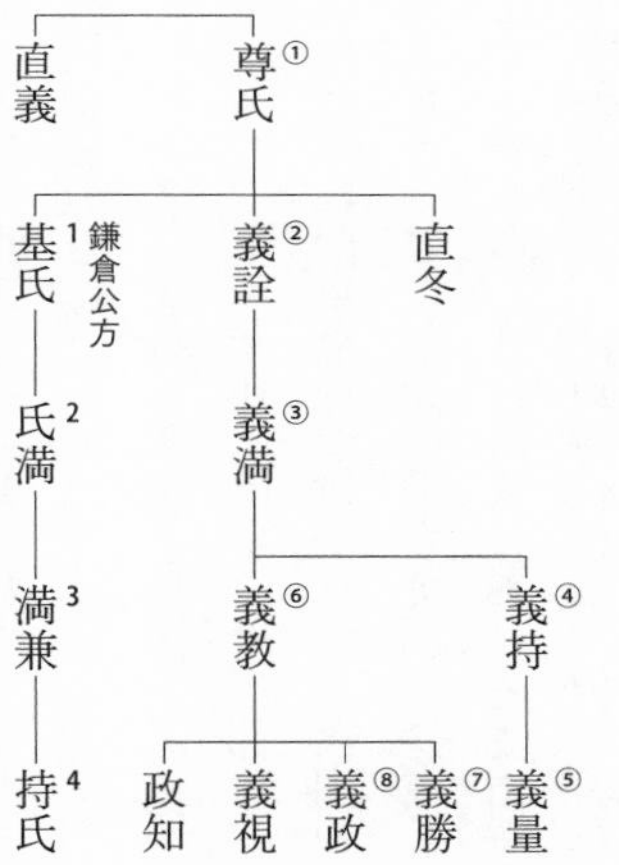

義教が朝廷から征夷大将軍という官職を得て政治を執り仕切っていれば、仮に覇王のような強大な力を持った敵が現れたとしても、「お前は征夷大将軍の官職を持っていないのだから、権力者にはふさわしくない。偽者だ」と主張することができるわけです。ところが、義教が征夷大将軍に任じられないまま政治を行うと、そのような前例を許すことになります。その結果、覇王と同じ立場ということになり、覇王を否定する根拠を失うわけです。そうなると、あとは力対力の対決になり、武力が強いほうが正し

い、という血みどろの事態になってしまいます。ですから、それはよくないだろうと、朝廷は義教を諭したわけです。

このとき、義教の脳裏を掠《かす》めたのは、鎌倉にいる関東公方（鎌倉公方）の存在だったでしょう。室町時代には幕府は京都の室町に移されたので、かつて幕府のあった鎌倉には代わりに関東公方が置かれて、東国の統治を担いました。足利尊氏の息子・基氏の子孫が代々、この関東の覇者である鎌倉公方の職を継いでおり、第二の将軍とも呼ばれました。それは、江戸時代における徳川将軍家と御三家のような関係だったとも言えるかもしれません。江戸時代には、仮に将軍家の嫡流に後継者が途絶えたならば、御三家から後継を選ぶという体制が確立されていました。

実際、当時の鎌倉公方だった足利持氏もその点は積極的だったようで、五代将軍・義量が亡くなったのち、義持には他に息子がいなかったことから、自分が将軍になる意欲を持っていたようです。

仮に鎌倉公方・足利持氏が覇王として「自分のほうが将軍にふさわしい」と京都に攻め込んできたら、征夷大将軍ではない義教は、これを否定する根拠を持っていないだろうと朝廷は主張したことになるのです。

朝廷が覇王と言ったのは絵空事ではなく、現実的な問題として覇王になりうる鎌倉公方という存在があったのは確かでした。しかし、義教は朝廷の意向をはねのけ、征夷大将軍になる前に幕府のトップとして政務を始めたのです。

将軍職に就くことなく幕府トップに

朝廷側の理屈にいかなる論理で対抗したのか、それともそもそも対抗せずに無視を決め込んだのか、そのあたりはよくわかっていませんが、ともかく足利義教はまだ生え揃っていない髪を裹頭《かとう》して、政務を始めました。裹頭の「裹」はつつむ、と読みます。武蔵坊弁慶のように頭巾で頭を包んだ姿のことを言うのです。おそらくは三宝院満済の入れ知恵だったのではないかと私は思っているのですが、とにかく、朝廷から征夷大将軍に任じられる以前から、室町殿として政治を執り仕切ったのでした。

つまり、朝廷から征夷大将軍に任じられなくとも、幕府のトップとして活動できることになります。ここであらためて「征夷大将軍」という官職の意味が問われてきます。やはり征夷大将軍とはただの名前にすぎず、中身のないものなのでしょうか。逆に言えば、そもそも将軍的な存在になること、すなわち幕府のトップ＝武家の棟梁であることの条件とはいったい何なのか、ということになります。

武家の棟梁であることの条件

第一章でも紹介した中世史研究者の佐藤進一先生は、朝廷と足利義教の一連のやりとりについて、万里小路時房の言い分に好意的です。つまり、鎌倉公方・足利持氏が覇王として義教と対立した場合、それを突き放すだけの根拠を義教は持っていなかっただろうというわけです。

研究者の間では佐藤先生の解釈を認める傾向が強いようですが、それではもし鎌倉公方・足利持氏が朝廷から将軍と認められたとして、京都に集まる守護大名たちが彼の側についたでしょうか。私は、それはないだろうと思います。現に足利義教は征夷大将軍に就かずとも、幕府のトップとして政務を執り、守護大名たちもそれに従いました。

このことをどう考えればよいかというと、ここでも鎌倉幕府の二代将軍・源頼家の例を参照してみましょう。頼家は、父の頼朝が急死したのち、その後を継いで、幕府のトップである鎌倉殿となりますが、征夷大将軍になったのはそれから三年後のことです。少なくとも三年間は将軍にならないまま、幕府のトップとして活動していたことになります。逆に言えば、御家人たちは将軍という地位がなくとも、「頼家様が二代目だ」と認めていたということになるでしょう。

ですから、征夷大将軍に任じられたらその人は幕府のトップであり、武家の棟梁になるという、ある意味では当たり前のことが、実は当たり前ではないのです。これまで見てきたように、征夷大将軍にならなくとも幕府のトップになれるのですから。

それでは、幕府のトップ＝武家の棟梁を決めるのはいったい誰なのでしょうか。ここで、少し話を整理しましょう。

征夷大将軍を任命するのは「天皇」（と朝廷）である、征夷大将軍に任じられた者が幕府のトップで、武家の棟梁となる。これは非常にわかりやすいのですが、事実とは異なります。鎌倉幕府の源頼家や室町幕府の足利義教のように、征夷大将軍にならずとも幕府のトップとして政務を始めた者がいましたから、天皇や朝廷が幕府のトップを決めることにはならないのです。

もうひとつ考えられるのは「神の承認」です。足利義教は石清水八幡宮でくじを引いて選ばれたわけですから、神意にかなった、神によって承認された人物だということです。義教は歴史の読み物などでは「くじ引き将軍」と呼ばれ、ある意味「残念」な将軍と描かれることが多いようですが、これは誤りです。くじ引きで選ばれたとは、神が選んだことになりますから、正当性の証明にこそなれ、マイナスの意味はないと考えられます。

このことは源頼家の場合も同様です。第一章で述べたように、富士の裾野の大巻狩りで、頼家が鹿を仕留めたのは、土地の神が祝福してくれたということになります。頼朝が頼家を自分の後継者として知らしめるためにこの大巻狩りを行ったのであれば、「神の承認」がそれを根拠づけたと考えられます。

多神教の日本で「神の承認」は意味を持つのか

こうなると、「神の承認」についてあらためて考えなければならないのは、くじ引きが三宝院満済と畠山満家による八百長だったのではないかという疑念です。

当時、神意を問うことには一定の正当性がありましたが、実を言えば、当時の人々は誰もが神仏を信仰していたかというと、私はそうでもなかったのではないかと思っています。

日本の宗教はキリスト教やユダヤ教のような一神教ではありません。一神教では人間の世界の外部に存在する厳格な唯一神を信仰します。しかし、日本では八百万《やおよろず》の神というように、唯一神ではなく多くの神が存在しています。また、天台本覚思想でいう「草木国土悉皆《しっかい》成仏」のように、あらゆるものに仏性を認める考え方が根づいています。

例えば、一神教のキリスト教では、動物は人間に奉仕するために神が作ったとされます。ですから、人間と動物の間には明確な区別がなされています。動物は人間のために存在しているわけですから、基本的には動物を殺して食べることに対して全く抵抗感を抱かないのです。言うまでもなく西洋社会は、伝統的に肉食の文化でした。

しかし、多神教の日本の場合、あらゆるものに神仏を認める発想があります。つまりアニミズム的な発想からすれば、人間とそのほかの動植物は連続的で近しい関係にあると言えます。ですから、明治以前の日本では四つ足の動物を食べることが忌避されていました。

その意味で言えば、日本では、この世界は外部にいる一神教の神によって秩序づけられたものというわけではありません。近しい関係にある神仏に対して、もちろん、日本人も深甚な敬意を払うわけですが、厳格な一神教の信仰とは違ったかたちだっただろうと思います。

室町時代、神仏に対する信仰のあり方はどうだったのかというと、多くの歴史研究者は、神仏が強固な存在感を持っていたと考えがちです。その強い信仰から将軍をくじ引きで決めたということになるのだろうと思いますが、果たしてそこまで強い信仰があったのかどうか、私自身はやや疑問です。

源頼家を後継者としてお披露目する際に大巻狩りを行い、土地の神の祝福を得たり、石清水八幡宮でくじ引きをして神意を問い、足利義教を後継に選んだりするというように、「神の承認」を得る事例というのは、日本の場合、実はこれ以外には見当たらないのです。もちろん、寺社に参詣して神仏に祈るということはあったでしょうが、それは結局、紅葉狩りのような遊びにすぎない場合が多く、そこに神仏に対する強い信仰心があったかというと、やはり疑問です。

ちょうど義教将軍期に、裁判で「湯起請」が行われました。両者の言い分が対立して明確な物証がないケースで、煮え立った湯に手を入れさせ、やけどを負った方がウソをついていると認定する裁きです。キリスト教世界でも百年ほど前の東欧で、まっ赤に熱した鉄棒を握らせる、という裁判があったようです。

このとき、ウソをついていない者は、神なり仏なりの加護を受け、熱湯に手を入れても、熱い鉄棒を握っても、やけどをしない、ということになっていますが、そんなバカな。いくら正直であっても物理は変えられません。熱い湯や鉄棒に触れれば、やけどは免れません。これを否定することはできないはずです。

ということは、この裁判を司っている幕府の奉行人や教会の司祭はそうした事情を知ったうえで、何らかの操作をしていた。幕府であれば、こいつはクロだ、でも物証がないときに熱湯を用意する。シロだと目星をつけた方にはぬるま湯に手を入れさせる、などです。

つまり、幕府の役人＝裁判を行う奉行人は、ここで神仏を体よく利用していることになります。「汝の神をためすことなかれ」という教えがキリスト教にありますが、奉行人は「神仏の実在」を信じているでしょうか。信じていたらそれは神仏を試すことになたらないでしょうか。彼らは確かに神仏に敬意は持っていた。でもそれは実在を信じていた、強固な信仰心を持っていた、ということとは別なのです。

確かにくじ引きで決めたということは、神意を問い、「神の承認」を得る行為であって、正当性を加味する仕掛けです。ですが、厳然たるただ一人の神がいない日本ではとくに、幕府のトップ＝武家の棟梁となることの決め手、必要にして十分な条件となるわけではない、と考えます。

将軍を決めるのは家臣たちの合意か

「天皇の任命」でもなく、「神の承認」でもない。そうなると残るものは何でしょうか。それこそは、「家臣の合意」です。繰り返しますが、源頼朝は、御家人から自分たち東国の武士を代表する棟梁として支持されることで、鎌倉幕府という政権を作りました。鎌倉幕府の内実を、「源頼朝とその仲間たち」と私が呼んだのはそのためです。

室町幕府になると、将軍の下に守護大名たちによる合議組織があり、これが将軍を支えるというかたちを取ります。この合議組織を取りまとめるのが管領であり、合議組織と将軍を取り次ぐのが三宝院満済のような人物ということになるのです。

仮に鎌倉公方・足利持氏が自分が将軍だと言い張り、朝廷から「征夷大将軍」に任じられたとしても、管領以下の守護大名たちが支持しなければ、やはり武家の棟梁として立つことは難しいのではないでしょうか。

そのように考えたとき、武家の棟梁を決めるのは天皇でも神仏でもなく、「家臣の合意」だったのではないか。天皇や神仏のような上からの決定ではなく、家臣たちによる下からの決定・支持が武家の棟梁を決めたのではないかと思うのです。次節では、この点を詳しく見ていきます。

「家臣の合意」が武家の棟梁を決める

家父長による決定

かつて私は百瀬今朝雄先生のゼミに参加した際に、「足利義教はなぜ、征夷大将軍に任じられていないうちから、将軍として振る舞えたのでしょうか」と質問したことがありました。百瀬先生は東大史料編纂所の所長も務めた中世法制史の研究者で、史料の読みがたいへんに鋭い先生です。

当時の私は、前節で述べたように「天皇の任命」「神の承認」「家臣の合意」というようにきちんと整理できていたわけではないのですが、そういう問題意識は持っていました。若かりし頃の私はその疑問を百瀬先生にぶつけてみたのです。

すると百瀬先生から返ってきた答えというのは、「足利将軍家の家督だから」ということでした。足利将軍家という家組織を引き継いだ人物だから、将軍として振る舞うことを許されるというわけです。つまり「家」と「世襲」の論理が働いていることになります。

第一章で紹介した上皇と天皇の関係を思い出してください。譲位したにもかかわらず、上皇は依然として実権を握り続けました。上皇が父であり、天皇はその子や孫ですから、家父長制の枠組みの関係になるわけです。そうなると、父のほうが偉いということになり、後継を決めるのは当然ながら家長の父になるわけです。

つまり、「天皇の任命」「神の承認」「家臣の合意」に加えて、百瀬先生は「家父長の決定」という答えを出したと言えます。将軍を決めるのは、先代の家父長であるということです。

「君は舟、臣は水」

百瀬先生がお答えになったように、「足利将軍家の家督」として認めるということは、「家」の論理、つまり家父長制的な考え方で言えば、先代の家父長（基本的には父親）に決定権があることになります。

ところが、死を目前にした足利義持は自分で後継者を決めることを拒否しました。そして、家臣である守護大名たちに「お前たちが決めろ」と言って亡くなります。そうなると、やはり「家臣の合意」が将軍を決めるということになるのでしょうか。

そこで私が思い至ったのが『荀子』の「君は舟、臣（原文は庶人）は水」という言葉です。『平家物語』ではこの言葉について、「水よく船をうかべ、水又船をくつがへす。臣よく君をたもち、臣又君を覆へす」と解説を添えています。

つまり「水に船を浮かべるように、家臣は主君をいただき、主君は家臣によって主君たり得る。水が船をくつがえすことがあるように、主君は、家臣によってくつがえされることもある」と説いているのです。

この場合、主君と家臣の関係は双方向的だと言えます。思えば源頼朝と御家人の関係もまた御恩と奉公の関係であり、頼朝が御家人たちの土地の安堵（御恩）ができなければ、御家人たちにとっては頼朝のために戦う意味（奉公）がなくなってしまうわけですから、これもまた、ある種の双方向性が担保されているように思われます。

これに対して、江戸時代に主君への徹底した忠義を語るものとしてしばしば用いられた「君、君たらずとも、臣、臣たれ」という考え方はまるで違います。この場合、主君と家臣は一方的な関係です。儒教的な教えの影響（なお、本来は儒教では「親に孝」が上位、「君に忠」はその下なのですが、日本では孝と忠は車の両輪にたとえられ、忠の価値が引き上げられています）もありますが、江戸時代においては藩主に後継がいないと藩そのものがお取り潰しになってしまいます。そうなると、君がいなければ臣も存在できないわけですから、主君としてふさわしくないどんなに愚かな主君であっても、家臣は家臣としての務めを果たさなければならなかったのでしょう。これは現実的な必要に迫られた考えだったのだろうと思います。

中世においては、「君は舟、臣は水」ということが重視されていました。となると、「将軍」という幕府のトップを決めるのは、やはり「家臣の合意」であると言えるでしょう。

前トップの意志よりも家臣の合意

「将軍」を決めるのが「家臣の合意」ではないかと考えると、ようやく私は、佐藤進一先生が論じたことの真意に気づくことができたのです。佐藤先生は一九六八年に『法政史学』という学術雑誌に「足利義教嗣立期の幕府政治」という短い論文を発表しました。この佐藤先生の論文は、本章で扱ってきた足利義持の後継として足利義教が選ばれた際の政治の動きを論じたものです。

足利義持は、今際《いまわ》のきわに家臣たちから後継問題をどうするのか問われて、「お前たちで決めろ」と言ったわけですが、この状況だけで考えると死に瀕していた義持には、すでに政治を判断する余力はなく、決断を放棄したと考えがちです。

しかし、佐藤先生はすでに一九六〇年代に、上から将軍を決めるのではなく、家臣たち自身によって自らが支えるべき将軍を決めるという「下からの合意」があって、初めて継承が意味をもつことをよくよく理解した上で、この時代の政治を論じられていたのです。

私は「君は舟、臣は水」という『荀子』の言葉に至るまで考察を進めたことで、あらためて佐藤先生がそのような視座に立って、歴史を考えていたことに思い至りました。義持の「お前たちで決めろ」という真意は、「たとえ自分が決めたとしても、お前たち家臣が納得しなければ、将軍として担いでもらえないだろう、それだったらお前たち家臣で決めればいい」ということだったのです。

つまり、足利義教が幕府のトップとしての「将軍」になるにあたって、「天皇の任命」でもなければ「神の承認」でもなく、「家臣の合意」というのが最も重要だったのではないでしょうか。

また、ここでもう一度、百瀬先生の言葉を思い出すなら、家督のありようを決めるのも、結局は家臣です。どれほど強く先代の家父長が専制的に後継者を定めても、家臣の合意が取れないならば、その先代の家父長が没した後には決定はくつがえされてしまいます。たとえば豊臣秀吉→秀頼、のように。家督であることに正当性を付与するものが家臣の支持であるとすれば、百瀬先生の解釈は先生が敬愛してやまなかった佐藤先生の解釈に等しいのです。

第三章

将軍の「神輿化」

家督と世襲

担ぐ神輿は誰がよいのか

「家臣の合意」では将軍が傀儡化する？

前章ではいったい誰が幕府のトップ＝将軍を決めるのかという問いに対して、「天皇の任命」「神の承認」「家臣の合意」といったさまざまな根拠づけを検討してきました。そのなかでも「家臣の合意」が重要なのではないかという点が確認できたと思います。

しかし、家臣が自分たちのトップである将軍を決めるということになると、今度は別の問題が浮上してきます。それは、仮にその家臣がより力を持ち始めたら、将軍はただのお飾りとなり、傀儡《かいらい》化してしまうのではないかという問題です。

有名な例でいうと、三井、三菱と並ぶ日本の三大財閥のひとつに住友財閥がありました。オーナーである住友家は江戸時代の発祥で、養子を入れて血縁的なつながりよりも家としての連続性を重視しました。明治時代に入って財閥化が進む頃になると、住友家は皇室とも関係を深め、教養高い大変な文化人の家となりました。しかし、住友財閥の事業一般の実務には全く関わらないことにしています。これは財閥が解体され、企業グループとなった現在でも同様です。

これを幕府の場合に置き換えるならば、家臣たちが実力を持っているならば、下手に将軍が実力を発揮して掻き回すのではなく、ほとんど神輿《みこし》のような状態で担がれるだけのほうがうまく回るとも言えます。

例えば、映画『仁義なき戦い』で松方弘樹演じる山守組の若頭・坂井鉄也が、金子信雄演じる山守組長に、「親のやることにいちいち口出すな。親のわしがやることが気に入らんのじゃったら盃返して出てけ」とまで言われて、「あんたァ、はじめからわしらが担いでいる神輿じゃないの。組がここまでなるのに誰が血ィ流しとるの。神輿が勝手に歩ける言うんなら歩いてみぃや。あァ⁉ わしらの言う通りにしとってくれりゃァ、わしらも黙って担ぐが。のぅ、親父ッさん」と凄むシーンがあります。

結局、松方弘樹扮する坂井鉄也は劇中で殺されてしまうわけですが、下の者の合意で決めるということが続き、やがて下の者が力を持つと、今度は上の者が神輿化することはよくあるわけです。神輿化した権力者は、権力とは名ばかりで、自分では歩くことができないし、担いでもらわなければ権力者ですらないということになります。

このように考えてみると、秩序が安定すると将軍が次第に神輿化していくというのは、容易に想像できるわけです。

誰を神輿と認めるのか——身分という階層から考える

それでは家臣は誰を神輿として認めるのか、誰を担ぎ出すのかという問いが出てきます。

第二章で検討した「くじ引き将軍」足利義教の場合のように、室町時代で言えば、将軍を決めるのは守護大名たちです。あるいは、第一章で見たように鎌倉時代においては御家人たちだったと考えることもできます。

家臣たちが誰を神輿と認めるのかと考えたとき、やはり神輿にふさわしい者とそうではない者がいるわけです。そこで注目したいのは、鎌倉時代を通じて存在した身分意識です。

身分というと、日本にはインドのようなカースト制度はありませんし、最近では江戸時代に士農工商という身分制度はなかったという研究が有力です。士農工商は、支配階級の武士を頂点とし、幕藩体制の財政的な基盤であった米を生産する農民を次に置き、その下に職人と商人を位置づける、身分の序列制度として有名でした。ところが現在では、支配階級である武士は別として、残りの農民（百姓）、職人・商人（町人）に身分の差はなく、それぞれ村落や都市を形成する集団であり、横並びだったとされています。

この士農工商という言葉がどこからきたのかといえば、おそらく中国の古典からだったのだろうと考えられます。ただし、それはあくまでも社会を構成する人々を職能で分けただけで、身分の上下を表すものではありませんでした。これが転じて上下の秩序のように考えられるようになったのは、江戸時代も後期になり、儒学的な言説の影響が強まってからのことだろうと思われます。農民は米などの作物を生産するが、商人は品物を右から左に動かすだけでお金を取るので卑しい、と当時の儒学者は考えたのです。

明治時代に入ると、「四民平等」という言葉が作られたため、あたかも士農工商の「四民」がかつては存在していて、明治維新を迎えてはじめて、人々は解放されて平等になったと考えがちです。しかしそれはあくまでも明治政府の言い分にすぎません。江戸時代、支配階級の武士は農民や都市民の模範にならなければならないという道徳的な規範こそあれ、例えば「切り捨て御免」で百姓や町人を勝手に処罰していいなどということはありません。そんなことをすれば殺人の罪となり、下手をすれば切腹ものだったと言います。

また、百姓と町人の区分も曖昧で、職業の変更も自由だったとされます。さらには、それほど多かったわけではありませんが、百姓や町人が武士になることも不可能ではなかったのです。武士の株をお金で買うことで、その身分を買うことができたのです。有名なところで言えば、幕臣の勝海舟の曽祖父はもともと貧農の出で、江戸へ出てきて高利貸しとなり成功すると、儲けたお金で武士株を買い、自分の息子を武士にしたのでした。これが、勝海舟の父の生家である男谷家となります。

支配階級である武士の身分ですらお金で買えるわけですから、日本はそこまで身分の区別がはっきりとした社会ではないと言えます。その意味では非常に「ぬるい」わけですが、漠然としていながらもある程度の身分意識が共有されていたと考えられます。

このぬるくてゆるい日本の身分意識を考えるというのはなかなか難しいのですが、鎌倉時代を通して共有されていた身分意識を平氏を例として、すなわち「平氏に見る三階層」を考えるとわかりやすいのではないかと思います。

平氏に見る三階層

ここでいう平氏というのは、桓武天皇を祖とする平氏です。清盛を出した武家が有名なわけですが、実は平氏には三つの種類があったのです。

この三階層のうち、まず一番上層に位置するのが、京都で暮らしている貴族の平氏です。堂上平氏ですね。ところがそのうち、都で食い詰めた者たちが、新天地である関東を目指しました。そこで荘園を開拓し、大土地所有を通じて力をつけていきます。地方で自分の荘園を経営する人々を「在地領主」と呼びますが、彼らにとって脅威となったのは大きく分けて二つありました。

ひとつは「他の在地領主」です。近世を迎える以前の日本、特に関東など都から遠く離れた地では、当然ながら社会の秩序を保つ法も及ばず、治安を守る警察権力もありません。そこは事実上の弱肉強食の世界だったと言えるでしょう。そのため、在地領主の荘園を脅かすのは、同じ在地領主だったというのはよくある話なわけです。

もうひとつは、地方官である国司のいる「国衙《こくが》」です。国司が今でいう県知事ならば、国衙は県庁といったところでしょうか。この国衙の役人たちは、理念上は公地公民を建前にしていますから、「土地は国の財産であるから没収する」と在地領主に迫ってくる可能性があります。

これに対して、在地領主は自らも朝廷とつながりを保ち、地方官すなわち国衙の役人になることで対処しました。在地領主は主に位の低い役人である在庁官人となることがしばしばでした。国衙の長は中央の上級貴族が任じられますが、平安時代も後期に差し掛かると、自分で任地に赴くことはなく、代わりに京都の下級官人を「目代」として派遣するようになります。この目代のもとで、在地領主は在庁官人となったわけです。あるいは、国衙の長である国司に影響力のあるとされる、より位の高い貴族や寺社と直接つながり、荘園を寄進し、保護してもらうこともありました。

とはいえ、最終的に頼りになるのは自分の力になりますから、やがて在地領主同士が時には仲間となり、武装して土地と一族を守るようになっていきます。これが武士の始まりです。

関東へ下った平氏のうち、このように武装して武士化していた者のなかから出てきたのが、有名な平将門です。地方の武士とは別に、京都にも武士はいましたが、基本的には京都周辺で武装化した在地領主を、天皇や朝廷、上級貴族などを警護するために都へ呼び寄せて傭兵化した者たちだろうと考えられます。

さて、関東の荘園で武士化して力を蓄えた平氏のうち、もっと豊かな西国へ移ろうと考えた一族がいます。京都に近ければ近いほど旨みがあり豊かであるというのは、「西高東低」である当時の日本社会の常識ですから、関東から拠点を伊勢に移した者たちがいました。彼らがやがて平清盛らが輩出する伊勢平氏になるわけです。これが「平氏の三階層」のうちの二番目の層となります。

関東から伊勢へと平氏はごっそり移動してしまったわけですが、平氏のなかでもより身分が下の人々もいます。本家筋のなかでも長男は家の代表として伊勢へ拠点を移し、次男や三男などは関東にとどまらざるを得ませんでした。彼らは関東に残って土着していきます。そのような平氏の人々が、例えば三浦氏や千葉氏、上総《かずさ》氏といった東国の武士となり、やがて鎌倉幕府の有力御家人となっていきます。彼らは完全に在地領主化し、京都との関係性も原則的には失ってしまった平氏です。つまり、三番目の層となります。

将軍になれる階層となれない階層

この平氏の三階層のうち、将軍の下で御家人となるのは三番目の階層の平氏たちでした。一番目の階層の平氏は京都で生活する貴族ですから、将軍にはならない。なれない、ではなく、ならない、です。二番目の階層の平氏は、のちに貴族に昇り、地方とも関係を保つ、軍事貴族というべき存在でした。彼らこそが在地領主である武士たちを束ねる、将軍になることができたのです。

武士として初めて太政大臣となった平清盛は、この二番目の階層にあたります。清盛の妻の時子は、第一の階層の京住まいの貴族の家から出ています。時子の弟の平時忠は、平家政権の黒幕のような働きをするわけですが、清盛の義理の弟となって権大納言にまで昇進しました。

保元の乱・平治の乱を経て、清盛が後白河上皇との関係を深めるなかで、平家は栄華を極めました。この時忠が「平家にあらずんば人にあらず」という有名な言葉を述べたとされています。時忠は第一の階層の出身で元来貴族ですから、源平の戦いで平家が敗北した後も能登に流されはしたものの、死罪になることはありませんでした。しかし、第二の階層の平氏は、栄華を極める過程で貴族になったとはいえ、本質は地方の武士だったわけですから、内大臣だった平宗盛は処刑されています。

北条氏はなぜ将軍にならなかったのか

このような三階層はこの後、鎌倉時代を通じて維持されていきます。そうなると、御家人は第三の階層ですから、神輿を担ぐ側です。たとえどんなに優秀だったとしても、神輿として担がれる側になることは難しいのです。人間の心情に照らし合わせてみても、担ぐ側からしてみれば、自分と変わらない身分の人を主君として守り立て、神輿として担いでいくのは難しいでしょう。

つまり、鎌倉幕府で源氏三代の将軍が途絶えた後、なぜ北条氏が将軍にならずに執権にとどまったのかというと、彼らはこの第三の階層の身分だったからなのです。もともと北条氏は桓武平氏の末端で、伊豆の在庁官人でした。系図もしっかりしていなくて、勢力は三浦氏や伊東氏などに比して小さかった。権力闘争の末に大きな力を獲得し、実力的には将軍になれたとしても、神輿を担ぐ側の者たちと身分的には変わらない存在だった。北条氏はこのことをよくわかっていたから、将軍にはならなかったのです。仮に北条氏が力で無理矢理に将軍になったとしても、御家人たちは表面的には従ったとしても、心から喜んで北条氏を神輿として担ごうとはしなかったでしょう。それゆえに、北条氏は実に賢明だったと言えます（この点は第四章で詳しく述べます）。

「家」を重視する日本の世襲

家臣は将軍家の後継を担ぐ

前節では将軍という神輿にふさわしい者とふさわしくない者は、身分によって分けられていた点を見てきました。それでは神輿にふさわしい身分のなかで、どういう人であればさらに神輿として認めやすいのかというと、ここに第二章で取り上げた百瀬先生の答え「将軍家の家督である」ということが関わってきます。つまり「家父長の決定」であり、「世襲」であるということなのです。これは「地位」よりも「人」、「人」よりも「家」を重視する、非常に日本的な決め方と言えます。

世襲で一番わかりやすいのは、血の連続性があることでしょう。源頼朝を神輿として担いだ者にとって、頼朝ならば神輿としてふさわしいわけですが、頼朝なき後、どうするのか。次に担ぐ神輿も、頼朝と同じような人物であることが望ましいわけです。そうなると、頼朝とつながる要素があったほうが、担ぎ手が神輿として認めやすくなります。

頼朝と血のつながりのある人物、すなわち息子であることが最も有力となります。

日本社会は「家」の継承が重視されている社会ですが、それを維持するのに、一定の血の連続性が寄与しているとも言えます。しかし、それは絶対ではありません。家さえつながればよいわけで、直系の子が途絶えた場合には、養子を取って家をつないでいくわけです。

繰り返しになりますが、家臣が担ぎやすいと判断した人が将軍たり得るとすれば、かつて将軍であった人の血を分けた者であれば、将軍を思い起こさせるものがあるわけですから、担ぐのに最適となります。たとえ血がつながっていなくとも、将軍家の家督を継ぐ者であるならば、家の連続性が担保になるわけですから、将軍として担ぐにふさわしいということになります。つまり、血よりも家を重視するかたちになるのです。

循環論法的な表現になってしまうのですが、家臣が誰を担ぐのかというと、将軍家の後継を担ぐということです。将軍家の後継に認定される人物こそが、次の将軍になるわけです。

日本社会は「血」よりも「家」

「血よりも家」というのが日本社会の特徴であるわけですが、この点についてもう少し解説します。

ここでは「大奥」というものを考えてみましょう。あらためて説明する必要はないかもしれませんが、大奥とは江戸時代、徳川将軍の正室や奥女中、将軍家の子女たちが住んだ江戸城内の場所を指します。もし仮に血のつながりを後継者の絶対の条件とするならば、将軍の子を産む女性を集めて管理する「大奥」を作らなければ、血の連続性は途絶えてしまうでしょう。

つまり、将軍としか交わらない女性だけの空間を作り、そこでのみ子作りをするというように厳格化しなければ、どこかで血が混ざってしまう可能性があるのです。江戸時代には大名家にも大奥的なものがあったのですが、そこまで厳密なものではなかったとされており、江戸時代の大名家では養子も少なくありませんでした。

これが中国の皇帝となると、天が定めた天子の資質は血によってつながると考えられていましたから、後宮制度を作り、男性、オスは犬でも猫でも絶対に入れないということになります。仮に男性が後宮に入る際には、去勢をした宦官でなければならない。これは徹底されていました。

しかし、日本は中国のように徹底していません。江戸時代に入って、儒教的な教えの影響から血の継続というものが強調されてくると、徳川将軍家の存続のために大奥が作られるのですが、それ以前は「血」の連続性よりも、「家」の継承が重視されたことになります。

鞆幕府と堺幕府

さて、ここで「鞆《とも》幕府」と「堺幕府」のことを考えてみましょう。

室町幕府の一五代将軍・足利義昭は、元亀四(一五七三)年七月に織田信長によって京都を追われ、この時点で室町幕府は滅亡したと考えられてきました。義昭は現在の広島県福山市にあたる鞆に拠点を移すのですが、その後も、朝廷から征夷大将軍に任じられたまま、天正一六(一五八八)年一月まで将軍であり続けました。そのことを根拠に、義昭は鞆の地で「鞆幕府」を開いたという研究があります。しかし、これまでの章で考えてきたことに基づくと、将軍を決めるのは家臣の合意ですから、天皇・朝廷が誰を将軍と認定しているかは二の次になります。そうなると鞆幕府の根拠は弱く、この説は成り立たないのではないかと思います。

また、一四代将軍の足利義栄《よしひで》の父・足利義維《よしつな》は堺で一時期勢力を築いていたのですが、将軍として振る舞おうとしたため、これを「堺幕府」と呼ぶ研究者もいます。けれども、守護大名たちは誰も義維を将軍として担ごうとしていないわけですから、これを幕府と呼ぶのはふさわしくないでしょう。

いずれにせよ、やはり家臣の合意によって将軍が決まるわけですから、その反対に家臣から合意を得ていない鞆幕府や堺幕府というものには無理があり、フィクションにすぎないと言えます。

神輿が自ら歩くとき、世襲に波風が立つ

摂関政治から院政への転換

本章のはじめに述べた『仁義なき戦い』での松方弘樹扮する坂井鉄也の台詞のように、神輿は担がれてはじめて神輿であり、その神輿が勝手に動いてしまっては、担げるものも担げなくなってしまいます。ですから、神輿になった者は自分で動かないほうがよいわけです。その上で、後継者に次のバトンを渡すというのが、担ぎ側にとっては担ぎやすい神輿ということになります。

しかし、なかには政治や軍事に意欲的な将軍もいて、担ぎ手である家臣の思惑を超えて、自分で歩こうとする神輿もあるわけです。将軍ではなく天皇の例でいうと、平安時代後期の後三条天皇は、およそ一七〇年ぶりに登場した藤原氏を母に持たない天皇でした。

藤原氏は一族の女性を天皇に入内《じゅだい》させることで、天皇の外戚として権力を振るう摂関

政治を敷いていました。天皇が幼少の場合、代わりに政治を行うのが摂政です。また天皇が成人の場合にその代わりを務めるのが関白です。このふたつを合わせて、摂関政治と呼ばれます。

ところが、先に述べたように治暦四（一〇六八）年、母親が藤原氏出身ではない後三条天皇の出現によって、この摂関政治は簡単に崩壊の危機を迎えたのです。後三条天皇は藤原氏との関係が薄いわけですから、藤原氏の摂政や関白に政治を行わせなくてもよいのです。しかも後三条天皇自身が政治を行うようになりました。これまでの摂関政治における、ただの神輿にすぎなかった天皇とは、異なる存在だったのです。

この後三条天皇の皇子であった白河天皇もまた、自分で動く天皇だったと言えます。白河天皇は譲位した後も権力を手放すことなく、上皇となって実権を握り続けました。次の代にバトンを渡した後は穏やかに隠遁生活を送るというような担がれる神輿であることをあえて拒否したのです。これが院政の始まりです。

世襲では生き延びられない厳しい時代

神輿が自分では動かずにスムーズに次世代へと受け継がれる時代には、極端に言えば、誰が上に立っても大丈夫だというような「ぬるい」状況がありました。神輿はわざわざ自分で動く必要はありません。世襲を続けても何の問題もない状態です。

一方、神輿が自分で歩かなければならない時代は、世襲では生き延びられない厳しい時代だったと言えるかもしれません。例えば戦国時代には、戦国大名は潰し合いをしているわけですから、リーダーが神輿のままでは生きていけません。率先して戦う必要があります。

また、西郷隆盛や大久保利通など、明治の元勲たちも、世襲はしていません。私は日本の長い歴史のなかで、リーダーが世襲をしなかったのは初期の明治政府だけだったのではないかと思います。全国から有能な青年たちを東京に集め、できる限りの教育を施して、優秀な者を選抜し海外に留学させるなど、能力主義を徹底させたのです。元勲たちも、個人の財産は別としても、地位を子孫に世襲させることはありませんでした。西郷隆盛は「子孫に美田を残さず」と言いましたが、これを実行したのが明治の元勲たちだったのです。

二六〇年余の間、徳川将軍家の世襲が続いた江戸時代が終わり、なぜ明治になって世襲が否定されたのかというと、そこには「外圧」の影響があったのだろうと思います。

幕末に黒船がやってきて、日本は否が応でも西洋の列強と渡り合っていかなければならなくなりました。このままだと外国の植民地にされてしまうというような未曽有の事態に及んで、初めて日本は変わったのです。

「ぬるい」環境ならば、そのまま世襲でよかったのかもしれませんが、もはや、世襲で凌げるほど甘くはなかったのです。そうなると、やはり自分で動ける有能な神輿が人々の上に立つ必要があった。だから激動の幕末を生き抜いた明治の元勲たちは、能力主義を重視したのです。

ところが、明治政府も第二、第三世代になっていくと、貴族院の設立など、次第に世襲が始まっていきます。世の中がゆとりを取り戻し、「ぬるく」なっていくと、世襲がまた繰り返されるようになるのが、日本社会の特徴と言えるのかもしれません。

第四章
将軍は何をするのか

臣を率いて、敵を討つ

将軍の職務とは何か

第二章では、将軍を決めるのは「天皇の任命」か「神の承認」か、それとも「家臣の合意」か、この三つを検討した上で、なかでも「家臣の合意」が重要である点を確認してきました。また、第三章では、将軍にふさわしい人物とそうではない人物がいる点も明らかになったのではないかと思います。

では家臣の合意によって将軍になった者は、そもそも何をするのでしょうか。第一章でも述べたとおり、征夷大将軍という役職は名ばかりのもので、必ずしも地位と権限が一致するものではないと考えることができます。とはいえ、幕府のトップであり、武家の棟梁である将軍となったからには、何かしらの働きをしなければなりません。第三章で見たように、家臣の合意を無視して勝手に動く神輿は、日本社会の原理である世襲に波風を立てるものでした。家臣が担ぐに不適格と判断した神輿は、すげ替えられることになります。

つまり、将軍には自らが発揮してよい権限と、そうではない権限があるとも言えます。それでは、将軍とは何をするべき存在なのでしょうか。本章では、将軍の職務を考えてみます。

源義朝は将軍の原型

将軍とはいったい何をするのか。ここでは、まず源義朝という人物を例に考えてみましょう。義朝は将軍ではありませんが、鎌倉幕府の初代将軍・源頼朝の父親にあたります。頼朝の行動を見ていくと、その多くは父・義朝が行ったことを引き継いでいるとも言えるのです。

私たち日本史研究者からすると、源義朝というのはほとんど平清盛の「咬ませ犬」のような存在で、やることなすこと清盛には敵わないという、かわいそうな人物です。当時は家父長制が強力な社会ですから、父親は敬われる存在であるわけですが、そういう関係を超えて、頼朝は父・義朝のことを尊敬していたと思われます。鎌倉三大寺院に数えられる勝長寿院を追善供養のために建立するなど、頼朝の行いの端々に父・義朝の存在を高く評価する姿勢が見られるのです。

第一章で紹介したように頼朝が最終的に目指したものが「大将軍」だったとすると、父・義朝の言動には、その原型のようなものを見出すことができるのではないでしょうか。そこで、まず源義朝の来歴を見ていきたいと思います。

源氏の祖・八幡太郎義家

源義朝・頼朝の先祖に、前九年・後三年の役で優れた働きをし、東国における源氏勢力の礎を作った源義家（八幡太郎義家）という人物がいます。義朝はこの義家の曽孫にあたります。

源義家は武士ながら、京都の貴族たちとの付き合い方をよく知っていました。当時の朝廷には、貴族であり学者でもあった大江匡房という非常に優秀な人物がいました。彼は、のちに鎌倉幕府の政所別当として活躍する大江広元の先祖にあたります。

その大江匡房が、東北地方での前九年の役で見事な働きをした義家を評して、「八幡太郎義家という人は、武力には秀でているかもしれないが、惜しいかな、兵法を知らない」と言いました。それを聞きつけた義家は、匡房のもとを訪ねて、「私に足りないも

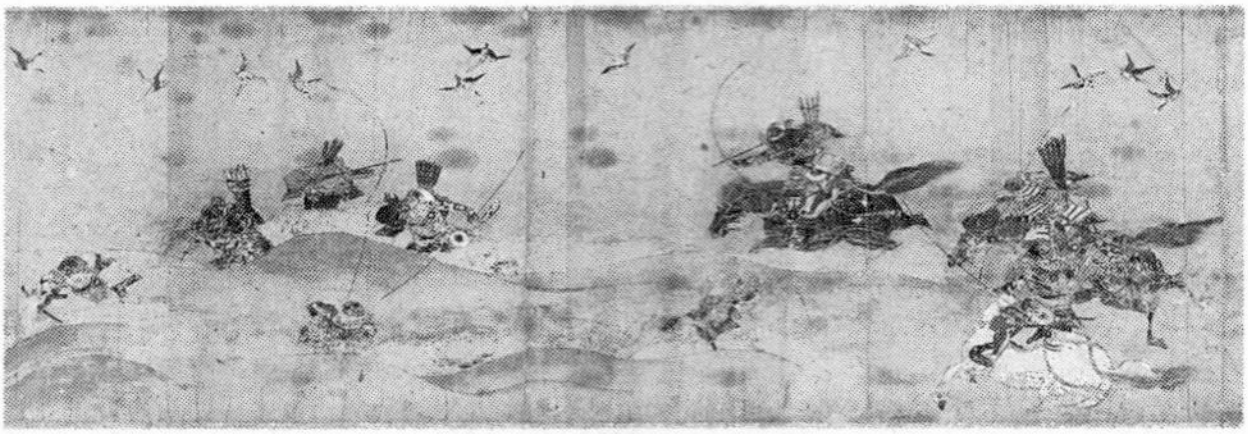

『後三年合戦絵詞』より（東京国立博物館蔵，ColBase）．乱れて飛ぶ雁から源義家が伏兵を見破った場面

のは何でしょうか」と教えを乞うたのです。そこで匡房は「中国の歴史書には軍事の指南書である『孫子』や『呉子』『六韜三略《りくとうさんりゃく》』『尉繚子《うつりょうし》』などがあるが、あなたは読んでいないでしょう」と言うので、義家は「自分の先生になって、その学問を教えてほしい」と頼んだという逸話があります。

この話には続きがあり、そうやって中国の歴史書から教養を学んだ義家は、やがて後三年の役で再び東北地方に赴くことになります。その際、雁が乱れて飛んでいるのを見て、義家は「雁が乱れて飛ぶところには、きっと伏兵がある」と考え偵察に向かわせると、実際に敵兵が潜んでおり、危機を逃れたというのです。義家は京都に帰還したのち、「雁が乱れて飛行するところに伏兵がいるというのは、大江匡房先生に教わったことだ。先生のおかげで私は命拾いをした」と語ったといいます。この話は明治時代には美談として語り伝えられていました。

しかし、これはどう考えても、大江匡房たち貴族に対する義家のゴマスリにすぎないと思います。『孫子』や『呉子』というような兵法書を読んだからといって、結局それは机上の空論にすぎません。やはり戦は現場の経験がものを言いますから、おそらく義家もそんなことはわかっていたはずです。

現代でも書店のビジネス書コーナーに『孫子』の解説書などが置かれて、帯に「ビジネスに役立つ！」というようなキャッチコピーがついています。「己を知り敵を知れば百戦危うからず」というような言葉を読んで、企業の経営者は「そのとおりだな」と感心したりするかもしれませんが、実際にそういうレベルで会社を動かしているわけではないでしょう。やはり実際のビジネスシーンでは、これまでの経営者としての生きた経験が役立つのだと思います。

それと同じで、義家もそんなことは百も承知だったけれども、当時の大学者として名高い大江匡房を立てるという処世術を心得ていたわけです。

乱暴者の源為義

武家の棟梁になるということは、当然、貴族ともうまく付き合うことが必要ですから、武士としても力があり、貴族との付き合いもできる義家は一目置かれる存在でした。

そんな義家の死後、しばらくして孫の為義が源氏の棟梁となりました。けれども為義は自分の暴力性をコントロールすることができなかった。大変な乱暴者で、ほとんどチンピラのような人物だったとされています。

当然ながら、貴族はこういう人物を嫌います。義家は普段は穏やかに「吹く風を　なこその関と　思えども　道も狭《せ》に散る　山桜かな」などと和歌を詠み、有事の際には武器を手に取り、貴族の手足となって敵を討ったわけで、貴族はそのような人物を評価します。しかし、為義は武だけの人物で教養がなかった。そのため、為義の代になると源氏の勢力は衰えてしまったのです。

関東で挽回を図る源義朝

この為義の長男が義朝でした。チンピラでうだつの上がらない父・為義に対して、まだ一〇代の義朝はかつて義家が築いた東国での源氏の勢力を盛り返すために、単身、関東へと乗り込みます。そこで三浦氏に迎えられたのち、房総半島に渡って上総広常や千葉常胤といった、のちに鎌倉幕府の有力御家人となる南関東の武士たちに恭順を誓わせます。彼らは第三章で述べたように、平氏の第三の階層にあたる者たちです。

義朝が彼らをどのように手なずけたかというと、自分の手下となった武士たちを引き連れ、その手下たちが争っていた敵対組織を叩き、自分の支配下に置くという、ほとんどヤクザの抗争のような方法で勢力を拡大していったのでした。これを端的に表している二つの事件を紹介します。

ひとつは、康治二（一一四三）年の相馬御厨《そうまのみくりや》乱入事件です。当時、上総広常と千葉常胤は、現在の茨城県南部から千葉県北部にかけて広がっていた相馬御厨という広大な荘園をめぐって、敵対関係にありました。この御厨というのは神社に寄進された荘園のことを言い、相馬御厨は伊勢神宮に寄進されたものでした。第三章で述べたように、在地領主である武士は、自分の土地を守るためにより位の高い貴族や寺社に寄進して保護してもらったのです。義朝は上総広常に味方して相馬御厨に乱入し、広常と対立する千葉常胤を武力で叩き伏せたのです。これをきっかけに常胤も義朝に恭順の意を表し、従うことになりました。

もうひとつはその翌年の康治三（一一四四）年にあった大庭御厨乱入事件です。現在の神奈川県藤沢市・茅ヶ崎市あたりにあった、大庭景親が管理する大庭御厨に、義朝は三浦一族を率いて乱入します。これにより、義朝は大庭景親も自分の下に引き入れることに成功します。

この大庭御厨も相馬御厨と同様に、伊勢神宮に寄進された荘園です。そのため両事件とも伊勢神宮の史料に記録されており、それによって関東での義朝の行動が判明したというわけです。

これこそがまさに武士たちに担がれる武家の棟梁、すなわちのちの将軍の最もシンプルなあり方なのです。武家の棟梁は、自分の家来のために、他の家来を引き連れて戦う。次に別の家来のために、また他の家来を引き連れて戦う。これを繰り返していたわけです。在地領主である武士にとって、重要なのはいかに自分の土地を守るかということですから、棟梁のもと、武士たちは仲間の武士の土地を守るために戦います。そうやって戦った武士たちも、自分の所領が脅かされれば、武家の棟梁に呼びかけてもらって、仲間の助けを得て敵を倒すわけです。

まさにこれは、ラグビーなどのスポーツでよく言われる「ひとりはみんなのために、みんなはひとりのために」です。

やがて、鎌倉で源頼朝が挙兵したときに、それに付き従った武士たちが頼朝に期待したのは、義朝が行ったこのような働きだったのです。鎌倉幕府とは「武士による武士のための武士の政権」であり、その内実は「頼朝とその仲間たち」だと先に述べましたが、それは頼朝の父・義朝による南関東でのこうした働きに倣うことでもあったわけです。

義朝の返り咲きと失敗

源義朝はこうして南関東を平定し、その実績を引っ提げて京都へ帰還します。すると朝廷側もこれを評価して下野守《しもつけのかみ》に任じ、父・為義の代に低迷していた源氏が晴れて国司レベルに返り咲きました。

先に源義朝は平清盛の「咬ませ犬」と述べましたが、義朝と清盛は源氏と平氏の同世代の武士でした。しかし、平氏のほうは、清盛の祖父にあたる平正盛の代から朝廷とうまく付き合い、豊かな西国の国司を歴任しています。一方、源氏のほうは、かつて八幡太郎義家というスーパースターがいたにもかかわらず、その下の代が続かず、落ちぶれていました。

かたや西国でずっと国司を務めていた平氏、一度は落ちぶれ東国での活躍でようやく盛り返した源氏。残念ながら清盛と義朝の代には、その差は歴然としていました。しばしば、平氏と源氏は同等のライバル同士だったと言われますが、そんなことはあり得ません。この時点では、平氏のほうが遥かに上だったのです。

その後、保元元（一一五六）年、後白河天皇と崇徳上皇の対立によって引き起こされた保元の乱では、後白河天皇とその乳父であった信西（藤原通憲）の差配で義朝と清盛はともに戦い、崇徳上皇側を退けました。このとき、清盛が率いた軍勢はおよそ三〇〇、義朝が率いた軍勢は二〇〇と、対等とはいかずともそれなりのところにまで義朝は来ていたとも言えます。ちなみに、義朝の父・為義や弟たちは崇徳上皇側についたため、乱の鎮圧後に死罪となり、義朝の手で処刑されています。

続く平治元（一一五九）年の平治の乱では、義朝は藤原信頼と手を組んで挙兵に及び、清盛と敵対することになりました。結局、兵力差で圧倒された義朝は敗北。六条河原の合戦で勝敗が決したのち、かつて自分がそうしたように再び東国の地で再起を図るべく、関東を目指しましたが、尾張の内海で長田《おさだ》忠致《ただむね》によって討ち取られました。義朝の一族は、長男・義平も次男・朝長も亡くなっていましたが、三男の頼朝だけは、生母の実家・熱田大宮司家からの助命嘆願や清盛の継母・池禅尼らの働きによって命ばかりは助けられ、伊豆への配流に処されることとなります。

源頼朝の挙兵と奇跡の四二日間

以来、源頼朝は二〇年もの月日を配流地である伊豆で過ごすことになりました。そしてついに治承四（一一八〇）年八月一七日、頼朝は平氏追討の兵を挙げます。伊豆守目代の山木兼隆を討ち、初戦に勝利するも、大庭景親・伊東祐親らの軍勢に石橋山で敗れ、土肥実平らの助けを受けて、わずか七人で船に乗って房総半島に逃れます。そこで千葉常胤や上総広常ら、父・義朝にかつて従った武士たちを味方につけて再起を図り、鎌倉入りを果たすのです。石橋山の敗戦からわずか四二日後のことでした。

『吾妻鏡』によれば、四二日間のうちに兵の規模は五万人に膨れ上がったとされています。『吾妻鏡』は鎌倉幕府の執権となった北条氏の命で作成された記録ですから、軍勢の数も幕府側に都合のよいように「盛って」あると考えてよいでしょう。だいたい実数は一〇分の一くらいだったと考えると、およそ五〇〇〇人程度と推定できます。

それでも、当時としてはたいへんな大軍だったことに間違いはありません。鎌倉入りした頼朝は、房総半島だけでなく、武蔵、相模、伊豆、駿河を従え、かつて父・義朝が実績を挙げた南関東を平定しました。まさに奇跡の四二日間だったわけです。

なぜ頼朝は東国の武士を従えて鎌倉入りできたのか

私は学生の頃、わずか四二日の間に、なぜ頼朝は東国の武士たちを次々と従え、ほとんど奇跡とも呼べる鎌倉入りを果たすことができたのか、恩師である石井進先生に聞いたことがあります。日本中世史の研究者のなかでも特に「えらい」学者だった石井先生ですから、一介の学生にすぎない私たちは、おいそれと口を利くなんて、とてもではないですができません。ですから、本当にわからない問題しか石井先生に質問したことはありませんでした。

その数少ない私の問いかけに対して、石井先生は、「いや本郷くん、それが説明できたらあの時代を理解することができたということなんだよ」と答えて、それ以上は教えてくれませんでした。このときに石井先生がどんな解答を持っていたかは、私にはいまだにわかりません。ですから、あらためて私なりに考えざるを得ません。

東国の武士たちにとってみれば、やはりさまざまなかたちで西国の朝廷から搾取を受けていたのだろうと思います。頼朝の挙兵は、まさに朝廷から搾取されることに対する武士たちの不満の爆発と捉えられます。自分たちの代表となってくれる神輿として頼朝を担ぎ出したのではないかと私は考えます。

頼朝は平家追討を目的として兵を挙げたとされますが、実のところ、源氏対平氏という対立は根本的な問題ではありません。このときの平家政権は、いわば朝廷という外皮をまとっているわけですから、言うなれば、頼朝の挙兵はそのまま朝廷に対する異議申し立てだったと思うのです。

伝源頼朝像模本（東京国立博物館蔵，ColBase）

そうだとすると、在地領主である武士たちとしては、自分の土地を守り、自分の利益を守りたいと考えていたわけです。しかし、自分たちは文字の読み書きもできない。朝廷と交渉しようにもそれはできない。だから、源頼朝を自分たちの代表として押し立てて、代わりに朝廷との交渉をやってもらおうとした。

だから頼朝を担ぐというのは、第一に自分たちの利害を考えてのことだったのです。

ここに至ってまた意識してもらいたいのは「家臣の合意」が武家の棟梁を決めるということです。在地領主である武士たちが自分の利害のために、担ぐ神輿を決めている。それは義朝が南関東で活躍したときと実態はまるで変わっていません。義朝の下に集った武士たちも、頼朝の下に集った武士たちも、「ひとりはみんなのために、みんなはひとりのために」というかたちで自分たちの利益のために行動し、義朝や頼朝を担ぎ上げたということになります。

鎌倉幕府の成立は独立戦争だった

このように考えると、朝廷に対する不満が爆発した源頼朝の挙兵は、まさに東国の武士たちによる、朝廷に対する独立戦争だったと解釈できます。はるか遠くの西国にある朝廷から、繰り返し搾取されてきた東国の在地領主である武士たちは、朝廷に頼ることなく、自分たちの土地や利益を自分たちで守ることにした。そのために、朝廷の影響力から半ば独立した体制を東国に作ろうとした。これが鎌倉幕府の成立だったのではないでしょうか。

第一章では、頼朝が「大将軍にしてくれ」と朝廷に申し出たとき、開府する権限を得るためだったとするならば、それは半ば朝廷からの独立を求めたことに等しいのではないかと述べました。それは頼朝を担いだ東国の武士たちの総意でもあったのだろうと思います。

ここであらためて、本章のテーマである「将軍は何をするのか」という問いに立ち返ってみましょう。

義朝も頼朝も、武力を用いて、在地領主である武士の権益を守るために戦いました。武士たちは自分たちの利益を保証してくれる存在として、義朝に恭順の意を示し、頼朝を自分たちの棟梁として担ぎ上げたのです。つまり、武家のトップである「将軍」に課せられる第一の使命とは、軍事の統括者であるということです。

奇跡の四二日を経て鎌倉入りを果たした頼朝には、義朝の頃とは比べものにならない軍勢が集まったため、頼朝自身が実際に兵を率いて、戦いの先頭に立つことはなくなるわけですが、結局のところ、武士たちが頼朝に期待するのは、やはり軍事的行為によって自分たちの利益を保証することだったと言えます。

その意味では、先に述べたように、頼朝がやっていることは父・義朝と変わりはありません。義朝の行動に将軍の原型があるということなのです。

ただ鎌倉幕府を開いた頼朝のように所帯が大きくなると、武士同士の利害関係も複雑になってきます。頼朝に仕える御家人の間にしばしば所領をめぐる問題が出てきます。そのとき、頼朝は対立する御家人双方の意見をよく聞き、土地の境界を決めるなどの判断を下さなければなりません。ここに「政治」が顔を出します。このような裁定がきちんとできることが、将軍である頼朝に求められたことでもありました。

将軍による「軍事」と「政治」

将軍の職務の第一は軍事である

「将軍は何をするのか」と考えたときに、前節では第一に軍事が将軍の職務であることを確認しました。当然ながらひとつの権力体制を担うときに、軍事と政治があるわけですが、将軍にとってそのどちらが重要かというと、やはり軍事のほうになります。それは武士の政権である幕府が「軍事政権」と呼ばれるゆえんとも言えるでしょう（軍事が先にあるわけですから、厳密に言えば、「政権」ではなく「軍権」でしょうか）。

頼朝の頃の鎌倉幕府には大きく分けて、文官たちが中心となった政所と、軍事を司る侍所、また内実はよくわかっていないのですが、訴訟や裁判などを担う問注所が設けられました。問注所が担う訴訟や裁判は頼朝の死後、政所が担ったとも考えられています。

先ほども述べたように、頼朝は御家人たちの領地争いの仲裁や裁定も行っています。一見するとそれは政治のように思われますが、これは御家人たちの土地を守り、その利益を保証する行為ですから、実は軍事の範疇《はんちゅう》と言えるかもしれません。また、政治といっても、幕府は武士のための組織であり、頼朝の頃にはまだ、将軍は庶民のための政治、すなわち民政を行っていたわけではないのです。あくまでも軍事の長として、武士たちの利権を守る立場だったと言えます。

政治とは朝廷との折衝でしかない

それでは、軍事が第一の職務であり、御家人の利権を守る立場にある頼朝にとって、政治とは主として何かというと、それは朝廷との折衝であると言えます。つまり、西国の朝廷との外交が頼朝の政治だったのです。

頼朝が「大将軍にしてくれ」と朝廷に求めたことは、御家人たちの考えはどうあれ、頼朝自身は先行する権力である朝廷に認められないことには、自分たちの政権の正当性が確保できないと考えたということになるでしょう。

例えば、寿永二（一一八三）年一〇月に朝廷から頼朝に下された宣旨、いわゆる「寿永二年十月宣旨」において、朝廷は頼朝に対して、東国の荘園や公領から朝廷に対する年貢をきちんと取り、朝廷に納入する責任を負わせる代わりに、頼朝が東国で行使する支配権の存在を正式に認めました。このとき、鎌倉で立ち上がった頼朝による「私的」な政権が、初めて公に認知されたことになります。

またその二年後の一一八五年には、朝廷に源義経の捕縛を理由に全国にひとりずつ守護を、また全国の荘園に地頭を置く権利を認めさせました。これにより、頼朝の政権は全国的に力を拡大することになります。先述したように、現在の日本史教科書は、この守護・地頭の設置をもって鎌倉幕府が成立したとしています。さらにその五年後の一一九〇年には、頼朝は伊豆に配流になって以降、初めて京都に入り、後白河上皇と会談しました。このとき、頼朝は二位の位階を得て、権大納言と右近衛大将に任じられています。第一章でも述べましたが、頼朝は三位以上の位階になったことで一流貴族の仲間入りを果たし、政所を開く権限を得ました。そして、この二年後に征夷大将軍に任命されます。

このように頼朝は、段取りを整えて交渉を重ねることで、少しずつ朝廷から自分たちの正当性を獲得していったのです。

一方、神輿を担ぐ側の御家人たちは、常に朝廷に伺いを立ててから行動する頼朝に対して、不満があったかもしれません。御家人たちは自分たちの実力、とくに軍事力で関東を治めようとしていたのですから、わざわざ朝廷に伺いを立てる必要はないと考えたことは想像に難くありません。ですから、ここで頼朝と御家人たちの間で朝廷との関係をめぐって乖離《かいり》が生じたのです。

誰を神輿に担ぐかが家臣の合意によって決まるのであれば、このときの乖離が、源氏将軍家が三代で途絶えてしまったことの遠因だったのだろうと私は考えています。

それはともかくとして、やはり頼朝という人間は非常に賢い将軍であり、未熟な担ぎ手の代わりに、うまく自らが動く神輿として振る舞ったのだろうと思います。

例えば、第二章で取り上げた「くじ引き将軍」足利義教のように、朝廷から征夷大将軍として認められないうちに勝手に政務を始めてしまうと、義教自身が諭されたように、覇王が出てきた場合には原理的にそれを否定する根拠がないことになってしまいます。つまり、朝廷からの承認がなければ、自らも同格の覇王にすぎないことになってしまうのです。

足利義教の時代には鎌倉公方という覇王になりうる実在の脅威があったわけですが、源頼朝にも奥州平泉の藤原氏という存在がありました。志田義広、新田義重ら頼朝に従わない源氏勢力もいたのです。ですから、政権を動かす頼朝としては自分の政権の存立の根拠を、その前の権力体である朝廷に求めるのは何もおかしいことではありません。朝廷とは全く関係を持たず、自分たちの実力だけに依拠して政権を運営した場合、奥州藤原氏がその強大な力でもって南下し関東に攻めてきたとすれば、結局は剝き出しの力と力の戦いになってしまいます。このとき、もしかしたら負けてしまう可能性だってあるわけです。

そのことをよくわかっていた頼朝は、自分たちが正当な政権であることを知らしめなければなりません。そのためには朝廷から認めてもらう必要がある。だからこそ、朝廷との交渉を欠かさなかったのです。

しかし、残念ながらその頼朝の考えを、御家人たちはよく理解できなかったのだろうと思います。その結果、頼朝の晩年には、御家人たちの間で不満が鬱積していたのでした。

関東が大事か、視野を広く持つか。実はこうした対立は、元寇で鎌倉幕府が揺らぎはじめた頃にも起こっています。弘安八（一二八五）年一一月の霜月騒動です。この頃、元寇の戦いを通じて、日本全国の武士は御家人か非御家人かにかかわらず、幕府のもとにひとつに統合されるべきだと考えた有力御家人の安達泰盛と、変わらずに幕府は関東の御家人を第一に考える政権でなければいけないと主張する内管領の平頼綱の対立が激化します。日本全国の武士を糾合しようというのは理想論だったかもしれません。この霜月騒動によって安達泰盛とその一族は滅ぼされてしまいます。しかしながら、幕府を真っ二つに引き裂いたこの政変以降、関東御家人たちの利益重視を選択したことから、鎌倉幕府の勢力は衰えていくのです。

三代で滅びた源氏将軍家

頼朝は、朝廷との関係を保ちながら、うまく譲歩を引き出し、鎌倉で作りあげた武士の政権を強化していったと言えます。それは自分たちの独立性を保証する根拠を得るためには必要な手続きだったのだろうと思いますが、しかし、御家人たちはそのようには考えませんでした。あくまでも御家人たちは自分たちの実力で、その独立性を勝ち得ようとしていました。この将軍と御家人の考え方の齟齬《そご》が、頼朝の死後、次代の源氏将軍に悲劇をもたらすことになります。

頼朝の後を継いだ二代将軍・頼家は、頼朝がやってきたことをそのまま実行しようとしました。頼朝は御家人たちの領地争いでは、双方の意見を聞き、裁定を下していました。これに倣って、頼家も将軍として御家人同士の土地争いの訴訟を取り仕切っています。『吾妻鏡』には次のようなエピソードが記されています。

ある日、土地の境界について争っていた二人の御家人は、頼家に裁定してもらうことに決めました。彼らの言い分を聞いた頼家は、絵図を持ち出して墨で線を引き、今度からはこの墨の線が土地の境界だとして、「土地の広狭は、その身の不運なるべし」と言ったのです。

源頼家像（東京大学史料編纂所所蔵模写）

『吾妻鏡』では頼家のことをことさらに「暗君」として描いているせいか、このエピソードはあまりにも横暴で未熟な頼家を表すものだとされています。しかし、実はやっていることは頼朝と基本は変わらないのです。御家人からしてみても、自分たちでは決着がつかないから上の人間に裁定してもらおうということですから、上位者に「裁定してもらう」ことをむしろ積極的に望んでいたことになります。

その後、頼家の乳母の実家である比企氏を滅ぼした北条氏は、頼家の口を封じてしまうことになるわけですが、『吾妻鏡』はそもそも北条氏によって編まれた歴史書ですので、北条氏にとって都合の良いことが書かれていると考えられます。『吾妻鏡』において、頼家が「暗君」とみなされているのはそのためなのかもしれません。

頼家の後を継いだ三代将軍・実朝になると、頼朝と同様に、京都の文化から学ぼうとする姿勢を見せます。しかし、これも頼家と同じで、頼朝には許されたことでも、実朝の代には許されなかったのです。

実朝は、京都から鎌倉に下ってきた源仲章《なかあきら》を通じて、京都の文化を学びます。特に和歌に強い関心を示し、後鳥羽上皇の計らいで、藤原定家に和歌の添削指導までしてもらっていました。さらには自分の妻に後鳥羽上皇の近臣で、権大納言・坊門信清の娘の信子を迎えました。

政務に意欲的だった後鳥羽上皇は、京都びいきの実朝を自らの統制下に引き入れ、傀儡化して鎌倉幕府の実権を掌握しようとしていたと考えられます。事実、後鳥羽上皇は、叙位任官という手段を用いて、実朝を異例のスピード出世させたのです。ついには父・頼朝をしのぐ右大臣の官職まで授けています。それもあってか、こうした実朝のあり方が、御家人たちの不評を買いました。

建保七（一二一九）年一月、実朝は右大臣昇進を神に謝するため鶴岡八幡宮に参拝しました。儀式を終え、拝殿から出て石段を降りようとしたところで、二代将軍・頼家の息子で、鶴岡八幡宮別当の公暁に襲われ、剣を持って従っていた源仲章もろとも暗殺されたのです。

公暁は実朝の首を持ってその場を逃れると、自分の乳母の家である三浦義村に使者を送り、「自分が関東の長にふさわしい。よろしく計らうように」と伝えました。義村は公暁を自邸に招くふりをしながら、北条義時にこれを知らせると、公暁追討の命を受けます。こうして、暗殺の実行犯・公暁は三浦氏に討たれたのでした。

実朝暗殺の実行犯は公暁で間違いありません。ただ、その裏で糸を引いた黒幕については、一切の詮議はされませんでした。北条氏黒幕説や三浦氏黒幕説など、公暁の黒幕をめぐってさまざまな説が唱えられていますが、幕府そのものが全く捜査をしなかったところを見ると、これは御家人たちの総意だったのだろうと私は考えています。

要するに、京都になびく将軍などいらない、と神輿の担ぎ手が神輿そのものを放棄してしまったのです。実朝の死でもって、源氏将軍家はわずか三代で途絶えてしまうことになります。

北条氏のもと摂家将軍と親王将軍体制へ

鎌倉幕府の三代将軍までは、頼朝と血のつながりをもった息子たちという、いわば源氏将軍家の一子相伝による世襲で将軍は決められていましたが、実朝の死後、執権の北条氏が大きな力を持ち始めると、源氏将軍家にはこだわらなくなっていきます。

けれども北条氏は将軍にはなりませんでした。なぜなら、第三章で紹介した平氏の三階層のうち、北条氏は将軍にはなれない第三の階層の身分だったからです。実力を行使して無理に将軍になることはできたでしょう。ですが、御家人たちは、確実に負のエネルギーを溜め込んでいったことでしょう。この点が、北条氏の賢いところです。あくまでも自分は神輿の担ぎ手であり、ナンバー2のポジションにとどまり続けました。こうして、将軍の傀儡化が加速していきます。

子のいなかった実朝を案じて、北条氏は実朝の存命中から後継問題の解決に動いていました。実は天皇家から養子をもらうことで、親王将軍体制を確立させようと画策していたのです。しかし、実朝が暗殺されたことで後鳥羽上皇の不信を招き、それはかたちになりませんでした。そこで、摂関家の九条道家の三男・三寅を迎えることで、摂家将軍が誕生します。天皇が無理なら貴族から将軍の後継を呼ぶことにしたのです。

実朝暗殺後、事実上「鎌倉殿」の役割を果たしていたと考えられる北条政子（頼朝の妻、頼家・実朝の母）の死後、この三寅が八歳で元服し、九条頼経と名を改めて四代将軍（在任一二二六～四四年）となりました。頼経と後妻の藤原親能（権中納言）の娘との間に生まれた男子が、のちに五代将軍・頼嗣（在任一二四四～五二年）となります。その後、北条氏と鎌倉幕府は、建長四（一二五二）年に後嵯峨上皇の皇子・宗尊親王を次期将軍として鎌倉に下向させることを決めました。こうして、宗尊親王がのちに六代将軍（在任一二五二～六六年）として即位することで、親王将軍が始まりました。

将軍権力の二元論とは何か

北条氏による「政治」の誕生

源氏将軍家が潰えたのち、北条氏による執権体制が始まります。すでに頼家の代で、有力御家人による「一三人の合議制」が始まっていたことから、担ぐ神輿は自分では動けない傀儡であったということができるでしょう。源頼朝の血統を戴く必要がないほどに力をつけた執権・北条氏は、摂家将軍や親王将軍を神輿とすることで、より大きな実権を握ることに成功しました。

このとき、北条氏が特に優れていたのは、北条義時の後を継いで執権となった息子の泰時（在任一二二四〜四二年）が御成敗式目という成文法を作ったことです。頼朝の血統を必要としなくなったとはいえ、北条氏そのものには頼朝に匹敵するようなカリスマ性も身分もありません。ですから法によって御家人たちをまとめあげ、みんなの力でもって幕府を運営していこうとしたわけです。

泰時の孫の時頼（在任一二四六〜五六年）の代には、それまで御家人＝武士だけだった鎌倉幕府の統治の対象を庶民にまで広げ、庶民に対する救済策をとっています。撫民を掲げた北条時頼の登場をもってして、私たちが考えるような政治＝民政が誕生したと言えるでしょう。

このとき、あくまでも将軍はお飾りであったとはいえ、武家政権の棟梁は、軍事だけでなく、政治も行う責任者、というスタイルが整ったことになります。つまり、将軍権力（厳密には北条氏は執権であって将軍ではありませんが）における「軍事と政治の両輪」の誕生です。

兄・尊氏が軍事を、弟・直義が政治を担う分業体制

その後、二度にわたる元寇（一二七四年、一二八一年）、鎌倉幕府の滅亡（一三三三年）を経て、足利尊氏が武家の棟梁を引き継ぐことになります。室町幕府の成立です。この段階で、軍事と政治は将軍の行うべきものとなりました。ここで注意しなければならないのは、先にも述べたとおり、あくまでも将軍の職務の第一は軍事です。その次に政治ということになります。

足利尊氏が政権の本拠を京都に移したことによって、どうしても朝廷との関わりが必要になってきます。尊氏が将軍の第一の職務、軍事を担うと、この朝廷との交渉、つまり政治は弟の直義が担うことになりました。当初は軍事も政治も尊氏が行おうとしたのでしょうけれども、室町幕府黎明《れいめい》期の頃はまだ全国に戦乱がありましたから、尊氏はどうしても軍事に注力せざるを得ません。その補佐をするかたちで、直義は朝廷との折衝を一身に背負うこととなります。さらに、この朝廷との折衝という狭い意味での政治と、北条氏が路線を敷いた民政という広い意味での政治の両方を、尊氏は弟の直義に委ねたのでした。

軍事と政治からなる「将軍権力の二元論」

足利尊氏と直義の代に分業体制だった軍事と政治は、尊氏の息子で室町幕府の二代将軍・義詮でひとつとなります。というのも、軍事と政治に権力を二分した尊氏と直義は、幕府の実権をめぐって対立してしまったのです。この内紛は観応《かんのう》の擾乱《じょうらん》と呼ばれ、戦乱そのものは二年で終結しますが、その後も影響は長く続くことになります。権力を分割するということは、二つの権力同士の争いになってしまうことから、二代将軍・足利義詮のもとではひとつにまとめられることになりました。

これがまさに佐藤進一先生がいうところの軍事と政治からなる「将軍権力の二元論」の論拠となる事態であり、将軍とは軍事と政治を司る存在であるというのが、義詮の政権の誕生で形作られるわけです。ただし、義詮の代ではこの両輪は実質的に機能せず、これをより強化して強大な力にまで成長させたのが、三代将軍・足利義満でした。

本章を通じて、将軍の職務というのは第一に軍事、第二に政治であるということがおわかりいただけたのではないかと思います。とはいえ、この将軍の職務は、あくまでも家臣たちの期待に応えるかたちで展開されてきたと言えます。その意味で、将軍の上からの働きだけを見ていては、「将軍は何をするのか」という問いの本質を捉えることはできないでしょう。

将軍が何の職務も果たさないという状況は、将軍の行為だけを見ていればただの「お飾り」にすぎないように思えますが、家臣たちがやるべきことをやっていれば、将軍は自分では動かない神輿のままでよいのです。それは中身のないただの役職と言ってもよいのかもしれません。しかし、実際に自分でやらなければならないときには、将軍はまず軍事、次に政治を執り仕切るというわけです。

第五章

歴代将軍たち

鎌倉時代の将軍

源頼朝――神輿は自ら歩き、動く

第一章から第四章までは、さまざまな事例を通して、将軍とは何か、どのような人物がどのようにして選ばれるのか、そして将軍は何を行うのか、といった点を見てきました。言うなれば理論編といったところです。ここからはより個別的な具体編になります。

本章では第一章から第四章までの考察を踏まえて、各時代の歴代将軍について、それぞれ見ていきます。これまでの叙述では、鎌倉幕府と室町幕府を並べて論じることもあれば、時代を飛び越えたり遡ったりすることもあって、歴史の流れが見えにくい面もあったかもしれません。時代順に述べていく本章で流れを摑んでから、第一章から第四章を検討する、という読み方もぜひお試しください。

まず、東国に武士の政権が誕生し、そのトップが征夷大将軍となった最初の例である鎌倉時代です。

第二章でも述べたとおり、「君は舟、臣は水」です。つまり、「水に船を浮かべるように、家臣は主君をいただき、主君は家臣によって主君たり得る。水が船をくつがえすことがあるように、主君は、家臣によってくつがえされることもある」というわけです。また、第三章で解説したように、トップを選ぶ家臣の力が強くなれば、やがて将軍は神輿化していきます。

この点を踏まえて考えると、鎌倉幕府の初代将軍・源頼朝（在任一一九二〜九四年）の頃には、まだ担ぐほうの家臣である御家人が未熟だったといえます。自分たちがどういう政権を作り上げるのか、またその政権のなかで自分たちはどんな役割を果たしていけばよいのか、自覚も全く足りなかった。また、それだけの自覚を持つだけの教育もなされていなかったと言えます。

ですから、この時点では神輿である頼朝のほうが、リーダーシップを発揮しなければなりませんでした。頼朝の頃の鎌倉幕府は、頼朝という神輿が自ら歩かなければ、政権自体が立ち行かなくなってしまうような黎明期だったのです。

頼朝は、自分たちが作った政権を守るために、好むと好まざるとにかかわらず、自分の足で動かなければならなかった。東国の武士たちは軍事には秀でていたかもしれませんが、政治や外交の場面ではほとんど役に立ちません。彼らは文字の読み書きもできず、京都の朝廷と渡り合えるような教養も身につけていなかったからです。武官的人材は十分だったけれども、文官的人材はほとんどいなかった。だから率先して神輿である頼朝自身が先頭に立ち、動かなければなりませんでした。

頼朝の優秀なところは、そんな東国の武士たちに文官的振る舞いを無理強いするのではなく、京都から下級官吏をヘッドハンティングし、文官として登用した点にあります。政所をはじめとする鎌倉幕府の各機関は、こうした文官の働きによって運用・維持されたと言えるでしょう。大江広元をはじめとする鎌倉に下向した文官は当然ながら、朝廷の貴族と同じく中国の古典に通じ、教養を身につけていた。彼らが頼朝のブレーンとなり、朝廷との外交の場面でも大きな役割を果たし、少しずつ、鎌倉の政権が存在する根拠や権限を朝廷側から引き出していくことができたわけです。

源頼家——北条氏の台頭と強制的な将軍の神輿化

頼朝の後を継いだ二代将軍・源頼家（在任一二〇二〜〇三年）の代には、御家人のなかから北条氏が台頭してきます。北条氏の思惑としては、できれば頼家にはあまり動いてほしくない。なぜなら、頼家は頼朝と北条政子の間に生まれた子なので北条氏にゆかりがあると言えばそうなのですが、この時代には子に対して乳母の家の影響力が強かったのです。頼家の乳母は二人とも比企家の女性でした。また、頼家は比企能員《よしかず》の娘・若狭局を妻に迎えました。つまり、頼家の後見人のようなポジションにあるのは比企氏ということになります。ちなみに頼朝の乳母も能員の義母・比企尼でした。

頼家が頼朝のようなリーダーシップを発揮すると、御家人のなかでは北条氏ではなく、比企氏の発言力が増していってしまう。そこで、北条氏はさまざまな策を弄して、強制的に将軍を神輿化しようとします。頼家の代に「一三人の合議制」が生まれたのも、北条氏対比企氏の勢力争いの過程のなかでのことだったわけです。合議制には北条政子の父である北条時政とその息子・北条義時（このときは江間義時）というように、北条氏から二人が加えられています。合議制を導入する提案は、おそらく北条氏の策略だったのだろうと考えられるわけです。

また、ここが北条氏の抜け目のなさですが、頼朝が京都から連れてきて、その手足として使っていた大江広元をはじめとする文官を味方につけました。これにより北条氏は御家人の間での権力争いを一歩リードし、将軍を傀儡化することに成功しました。その総仕上げとして、比企氏を謀略によって退け、頼家を将軍の座から下ろし、北条氏のもとで成長したその弟の実朝を将軍として担ぎ上げたのです。

源実朝――北条氏の成長と加速する神輿化

三代将軍となった源実朝（在任一二〇三～一九年）は、頼家と同じく、頼朝と北条政子の間に生まれた子です。ただ頼朝や頼家と違って、乳母は比企氏ではなく北条氏、政子の妹の阿波局でした。いわば北条氏が神輿化しやすい将軍だったのです。文官を味方につけることで政治を掌握した北条氏は、最大のライバルであった比企氏を退けたのち、今度は軍事でも大きな力を発揮するようになります。

そもそも北条氏は、軍事の面ではそこまで大きな勢力だったわけではありません。頼朝が挙兵したとき、政子の父・北条時政は源氏の嫡流である婿殿に自分の命運の全てを賭けたわけです。当然、かき集められるだけの兵力を動員したことでしょう。ところが、このときの時政の兵数はわずか五〇人ほどでした。これに対して、比企氏やのちに鎌倉幕府の軍事を担う侍所の別当になる和田氏は、だいたいその五倍から六倍ほどの兵数を動員することができました。ですから、北条氏は軍事でまともにぶつかり合うのではなく、さまざまな策を弄して、ライバルたちを失脚させていった。そうせざるを得なかったのです。

しかし、武家の政権においてやはり重要なのは軍事です。最後は武力がものを言うわけです。やがて力を蓄え、土地を増やし、経済的にも豊かになった北条氏は十分な軍事力も手にすることになります。鎌倉幕府の軍事を代表する和田義盛とも力と力の戦いで渡り合えるほどに成長したのです。建暦三（一二一三）年の和田合戦では、北条義時と和田義盛が鎌倉を舞台に市街戦を繰り広げています。かつて五〇対三〇〇という圧倒的な兵力差があったはずの北条氏と和田氏でしたが、このときには北条氏の勢力が増大し、自前の軍事力で和田氏を退けることができたのです。御家人の軍事の代表格を自らの力で打ち破った北条義時は、侍所別当の地位を手にしました。こうして、北条氏は政治だけでなく軍事をも掌握したのです。将軍権力である軍事と政治の両面を北条氏が担うことで、将軍の神輿化は加速していきます。

一方、実朝が後鳥羽上皇や朝廷との結びつきを深めていくと、御家人たちはそのような神輿はいらない、担ぎたくないということになり、実朝暗殺という事件が起こります。第四章で述べたとおり、犯人は甥の公暁ですが、実朝の排除は御家人の総意に基づくと言うべきです。この時点に至って、頼朝の血脈という根拠を持っていた源氏将軍家が否定され、将軍が武士である必要がなくなりました。

武士の将軍よりも神輿にふさわしい権威ある人物となると、その第一の候補は、生まれもっての貴種、つまり天皇になります。さすがに天皇がそのまま将軍になるわけにはいきませんから、天皇の皇子である親王を将軍として担ぎ出そうと北条氏は考えました。当時の文化的な親王は将軍の第一の職務である軍事を担うことはできませんが、軍事も政治も掌握した北条氏がその代行をする、という構図です。しかし、実朝が暗殺されたことで、後鳥羽上皇は幕府に対する不信感を抱き、皇子を鎌倉に下向させることを拒否しました。実朝を懐柔することで、鎌倉幕府をコントロールしようという思惑が後鳥羽上皇にはあったわけですが、それも実朝暗殺によって不可能になってしまいました。ここに至って、承久三（一二二一）年には、後鳥羽上皇と鎌倉幕府は、軍事的な衝突へと発展していきます。これが承久の乱です。

完全に神輿と化した将軍——摂家将軍と親王将軍

さて、北条氏としては親王将軍を望んだわけですが、後鳥羽上皇の拒絶によって、それは叶わなくなりました。親王の次に権威があるとなると上級貴族の子息ということになります。そこで、藤原摂関家・九条道家の三男・三寅を四代将軍（在任一二二六～四四年）に迎えたのです。こうして摂家将軍が誕生しました。四代、五代と摂家将軍が続きますが、六代以降は親王を迎えることが実現し、親王将軍となります。摂家将軍は親王将軍体制ができるまでの臨時的な措置だったとも言えます。

北条氏は執権という立場で将軍の代わりに軍事・政治を担いました。第四章で述べたとおり、義時の後を継いだ泰時（在任一二二四～四二年）は御成敗式目を制定し、さらに泰時の孫の時頼（在任一二四六～五六年）は撫民を掲げ民政を実施します。ここでも北条氏が非常に賢い一手を打ったのは、自分が将軍になり、武家の棟梁になるのではなく、あくまでも法によって、みんなの力で幕府を支えていくかたちを作ったことでしょう。北条氏がやることに私心はなく、あくまでも法で決められていることだとすることで、御家人からの不評が集まらないようにしたのです。

北条氏は位階で言えば、三位以上になることは決してありませんでした。三位以上は公卿と呼ばれる一流貴族の証ですが、北条氏は自覚的に四位までの位階しか持とうとしませんでした。そして、幼少で迎えた親王将軍がある程度の年齢となり、権力に目覚めて自分で動き出そうとすると、謀反の嫌疑などをかけてすかさず京都に送り返し、別の親王を将軍として迎えました。このようにあくまでも将軍を神輿として、形だけの地位にとどめたのです。自分たちは実権を握りながら、三位以上は望まない。このように、地位よりも家の存続と繁栄を重視するというしたたかな生存戦略によって、北条氏は権力闘争を生き抜いたと言えるでしょう。

また、北条時頼については、謡曲『鉢木《はちのき》』で唄われる次のようなエピソードで知られています。大雪の降る日に、佐野源左衛門という武士の家に旅の僧が一夜の宿を求めて訪れました。貧窮していた源左衛門は何ももてなしができないと一度は断ろうとしますが、大雪に困り果てた僧を見かねて、自宅に招き入れます。そして、自分の大事にしていた松・梅・桜の三鉢の盆栽を火にくべて、精一杯のもてなしをしました。実はその旅の僧は北条時頼だったのですが、源左衛門は知りません。その際に源左衛門は「今は逼迫しているけれども、いざ鎌倉となれば、私はいの一番に鎌倉に馳せ参じるつもりである」というようなことを僧に語りました。

その後しばらくして、鎌倉に参集せよという命令が下りました。まさに「いざ鎌倉」と源左衛門が急いで鎌倉に馳せ参じたところ、「佐野源左衛門という者はいるか」と呼

北条時頼像（東京大学史料編纂所所蔵模写）

び出され、進み出ると一番高いところに大雪の日に家に泊めた旅の僧がいたのです。そこで初めてその僧が執権の北条時頼だと知ったのです。時頼は源左衛門の姿を見て大変に喜び「言葉どおりよく来てくれた」と、火にくべた松・梅・桜の盆栽の代わりに、松井田庄、梅田庄、桜井庄と三つの領地を授けました。

謡曲『鉢木』の描写のなかで重要なのが、佐野源左衛門という御家人に対して、北条時頼が新しい所領を与えていることです。先にも述べたとおり、将軍と御家人は御恩と奉公の関係で結ばれています。将軍が御家人の土地を安堵し、また働きに応じて新しい土地を与えたり、官位を与えるために朝廷に推挙したりすることが御恩です。この御恩に対して、御家人は軍役に就くことで報います。これが奉公です。つまり、北条時頼が源左衛門に新しい所領を与えたことは、本来ならば将軍が行うべき職務だったのです。

形式上は将軍が御家人に所領を与えることになっており、文書もそのようなかたちを取ります。しかし、『鉢木』には将軍はどこを探しても出てきません。形式上は将軍であっても、実態としては執権である北条時頼が所領を与えているわけで、完全に北条氏が取って代わっていたことがわかります。

ところがその後、時頼の子・時宗（在任一二六八～八四年）の代からは、とりわけその子・貞時（在任一二八四～一三〇一年）と孫の高時（在任一三一六～二六年）の代には、北条氏自身が神輿化することになります。時宗の時代に元寇が起きるわけですが、迫り来るモンゴルの軍勢に対して、時宗自身がどのように考え、どのように判断したのかは、ほとんど史料には記されていません。

北条時宗像（東京大学史料編纂所所蔵模写）

のちの江戸幕府・四代将軍の徳川家綱（在任一六五一～八〇年）もまた完全に神輿化した将軍で、政務について何か伺いを立てられても、「左様せい」と首肯したため、「左様せい様」と呼ばれていました。家綱の代には、保科正之や松平信綱といった錚々《そうそう》たる家臣が揃っており、彼らが徳川将軍家をしっかりと支えていたため、「左様せい」と言っているだけの神輿でよかったわけです。これとよく似た話で、幕末の長州藩の藩主だった毛利敬親《たかちか》も、家臣の言うことに対していつも「そうせい、そうせい」と首肯したことから、「そうせい侯」と呼ばれました。

時宗もほとんど「左様せい様」「そうせい侯」のような神輿の状態になったわけです。しかし、将軍の代わりに実務を担っていた北条氏がそのような神輿となると、北条氏の下で実際に実務を行う者がいなければなりません。貞時や高時の代になると、この実務を担当しなければならない家臣たちも、実務能力に欠けたただの取り巻き、才能ではなく血筋のみの人物にすぎなくなります。

その結果、鎌倉幕府という政権は、伝統を持ち出して儀式を行い、権威づけをすることでなんとか延命措置を取っていましたが、政権を運営する実務はできなくなっていきました。こうして鎌倉幕府は滅亡の道を辿っていくのです。

室町時代の将軍

足利尊氏――軍事と政治を分ける

鎌倉幕府の滅亡後、新たな武士の政権を起こしたのは足利尊氏（在任一三三八～五八年）です。足利氏は八幡太郎義家の四男・源義国の末裔で、源氏の嫡流に近い家柄になります。第三章では、将軍になれる身分と将軍になれない身分があるということから、「平氏の三階層」を実例として紹介しました。将軍になる資格があるかどうかで言えば、嫡流に近い足利氏は将軍になれる家柄です。また、同じく源義国の流れから続いてきた新田氏も将軍になれる家柄となります。平賀氏や佐竹氏、武田氏といった清和源氏の家も、うまく立ち回れば将軍になれる可能性がありました。これに対して、北条氏は将軍になれない家柄です。先述したように、御家人同士の権力闘争のなかでトップになりながらも、将軍にならずに執権にとどまったのは、このためです。

北条氏による権力抗争は、源氏一門にも及びます。例えば頼朝の死後、平賀氏は北条氏に滅ぼされています。しかし、北条氏は足利氏を潰すことはありませんでした。将軍になれる家柄のため、滅ぼしたくても実行できなかったという説もありますが、私はきっかけさえあれば足利氏の滅亡も十分にあり得ただろうと考えています。

実際、北条時政の娘の夫である足利義兼は、不穏な空気を察知し、出家して地元の下野国に隠居したと言われています。また、弘安八（一二八五）年の霜月騒動では、足利一門の吉良満氏は自害に追い込まれました。足利尊氏の祖父・家時は、おそらくは北条氏との軋轢《あつれき》によって、家を守るために腹を切りました。

このような緊迫した関係であると同時に、北条氏は足利氏を特別扱いにしてもいるのです。例えば、北条泰時—足利泰氏、北条時頼—足利頼氏、北条貞時—足利貞氏といったように、北条氏の嫡流で代々、執権を担った北条得宗家の当主の名の一字が、足利氏の当主に与えられたのです。婚姻関係においても、足利氏の正室は北条得宗家、あるいはそれに準じる家から出されました。

先述したように北条氏もまた神輿化し、幕府の実務が疎かになっていくと、鎌倉幕府は傾き始めます。承久の乱以降、幕府は天皇や朝廷にも強い発言権を有していましたが、幕府が衰えを見せ始めると、討幕を狙う後醍醐天皇が登場します。幕府から後醍醐天皇の捕縛を命じられたのが、足利尊氏でした（この時点では改名前の「高氏」という名ですが、本書では尊氏で統一します）。このとき、尊氏は後醍醐天皇の側につくことを決断します。これに多くの御家人が賛同したのでした。北条氏の鎌倉幕府ではなく、後醍醐天皇についた足利尊氏のもとに多くの武士たちが集まったのです。この点だけでも、鎌倉幕府の衰えは明らかでしょう。

尊氏は先に述べたとおり、将軍になれる家柄ですから、担ぐ神輿としては申し分ありません。尊氏が西国における鎌倉幕府の出先機関である六波羅探題を攻め、新田義貞は鎌倉を攻めて幕府を滅ぼしました。

鎌倉幕府が滅亡すると、後醍醐天皇はあくまでも朝廷が上だと考え、武家の政権を作ることを否定しました。いわゆる建武の新政の始まりです。これに対する反乱として起きた中先代の乱では、北条得宗家の北条時行が鎌倉幕府再興を掲げて兵を挙げました。このとき、尊氏は、後醍醐天皇に征夷大将軍の官職を求めていますが、拒絶されます。尊氏はそのまま鎌倉へ下向し、反乱を鎮圧しました。

かつて後醍醐天皇は尊氏ではなく、護良親王を征夷大将軍に任命しました。しかしながら、名ばかりの親王将軍に武士たちは従いませんでした。中先代の乱を鎮圧した尊氏は、武士たちに恩賞として土地の分配を行っています。将軍が行うべき土地の分配を、将軍ではない尊氏が行ったのです。この時点で、実態としては尊氏が武家の棟梁、すなわち将軍に等しいと言えるでしょう。佐藤進一先生は、建武二（一三三五）年の段階ですでに室町幕府は成立していたと言います。建武二年とはまさに中先代の乱が起こり、尊氏が武士たちに土地の分配を行ったその年でした。

尊氏が勝手に土地の分配を行ったことを後醍醐天皇は謀反だとみなし、新田義貞に討伐を命じました。新田の軍勢が迫るなか、尊氏はなかなか行動を起こしません。戦うのを躊躇する尊氏に対して、弟の直義が痺れを切らして出陣しましたが、軍事は不得手だったので敗北してしまいます。この報せを聞いた尊氏はようやく重い腰を上げ、新田の軍勢を打ち破り、義貞を追いかけて、そのまま京都へと進軍しました。ここでようやく尊氏は後醍醐天皇と袂《たもと》を分かつことになります。その後、建武三（一三三六）年に建武式目を制定します。日本史の教科書ではこのときをもって室町幕府の成立とします。これ以降、武士の拠点は鎌倉から京都へと移ったのでした。

足利尊氏は源頼朝を非常に意識していたようです。文書様式を見ると、京都に幕府を移してもなお、自らを頼朝の再来と位置づけています。そのように自己演出しながら、武家の棟梁として、武士たちをまとめていきました。結城直光が著した『源威集』は、源氏は武士の主人であり、その源氏の正統な後継者が足利尊氏であり、源頼朝の再来である。だから尊氏に従わなければならないと説いています。これはフィクションなのですが、この感覚を当時の武士たちはおそらく共有していたのだろうと思われます。

足利尊氏は軍事を、その弟の直義は政治をそれぞれ担ったと第四章で述べましたが、まさにこのとき、軍事と政治の二つが将軍権力を形作る大きな要素であることが理解されたことになります。

経済でもなく文化でもない、この軍事と政治の二つが重要だとするならば、では将軍にとってこの軍事と政治のどちらが大事なのか。軍事を担う尊氏は将軍と呼ばれますが、政治を担った直義は将軍と呼ばれていません。実際に征夷大将軍に任命されたのは尊氏のほうですから、やはり将軍の基本的な職務は軍事だったと言えるのでしょう。

もともと武士は軍事を担う集団ですが、反対に政治は不得意です。だからこそ、源頼朝は京都から文官を引き入れ、政治は彼らに任せたのです。その後、武士のなかでも北条氏は自ら学ぶことで政治を担えるようになっていきます。

これが足利尊氏の代になると政治の水準が高まり、尊氏が軍事、直義が政治と分担することで、軍事と政治の両輪で回るようになりました。

しかし、その後、尊氏派と直義派の内紛によって、観応元（一三五〇）年に観応の擾乱が勃発。尊氏の腹心だった高師直《こうのもろなお》、直義が相次いで命を落としました。

その後、尊氏の息子・義詮がこの政治と軍事の両方をひとりで担うことになります。

足利義満——一元化する将軍権力

軍事と政治をそれぞれが分担した尊氏・直義の体制では、この二人が対立しあう結果となりました。この教訓から、二代将軍・義詮（在任一三五八〜六七年）は政治と軍事の両方をひとりで司るようになります。しかし、彼自身にその両方を担えるほどの能力はなく、この時代にはその両輪がうまく機能していたとは言えませんでした。また、義詮は早くに亡くなり、その後を息子の足利義満（在任一三六九〜九四年）が継ぎます。この義満の代になって、真の意味で軍事と政治の両方を担う将軍が誕生したと言えるでしょう。

第二章でも触れましたが、この頃になると、奉公衆が軍事的な面で、奉行人が政治的な面で、それぞれ将軍をサポートするという体制が確立されます。奉公衆は守護大名の一族などを京都に呼び集め、将軍の近臣として活動させました。また、文筆に明るい武士の家の者が奉行人となりました。

義満は日明貿易を行うなかで、天皇を差し置いて、明から「日本国王」として認められています。上皇周辺の中級貴族を取り込み、貴族と武士の両方を自らの配下に置くなど、その力は強大なものとなっていきました。とはいえ、「日本国王」と言いながらも、この「日本国」に東国は含まれていません。関東・東北は鎌倉にいた「第二の将軍」である鎌倉公方の領域でした。軍事と政治をひとりで担い、武士と貴族の両方を手中に収め、上皇とほぼ同格の権力を有した義満でしたが、東西の両方を含めた日本全国、まさに天下を統治したのちの徳川将軍家とは、力の差は歴然としていたと考えねばなりません。

足利義持──再び神輿化へ

足利義満は生前に将軍職を子の義持（在任一三九五～一四二三年）に譲っています。その後も実権は義満が握っており、「大御所」として幕府を動かす「大御所政治」の体制を敷きました。その後、義満が亡くなったのち、義持は父が行った政策を全てひっくり返していくのですが、やがて将軍は担がれることが主体の神輿となっていきます。義満は自ら動く神輿でしたが、義持以降、再び家臣のほうが力を持ち、将軍を支えるという形が定着していくのです。

義満と義持の代では、将軍の家臣たちは、細川氏を中心としたグループと、斯波氏を中心としたグループに大きく分かれていました。義満の代では細川グループが将軍を支持しましたが、義持の代になると、斯波グループが将軍を支え、細川グループは実権から遠ざかります。鎌倉時代であれば、血で血を洗うような権力闘争に発展していくところですが、政治的にも成熟を見るこの頃の武士たちの対立は、単純な力対力の戦いには発展しませんでした。

また第二章で述べたように、足利義持には息子は義量ひとりしかおらず、五代将軍(在任一四二三〜二五年)に任じられたものの、若くして亡くなりました。そのため後継者問題が浮上したのです。そのうちに義持が病に倒れてしまいます。瀕死の床にふせっている義持に守護大名たちが「次の将軍は誰にしますか」と聞くと、義持は「お前たちで決めろ」と言って後継者を指名することを拒否し、亡くなります。要するに、「たとえ自分が決めたとしても、家臣であるお前たちが担ぐつもりのない神輿は、神輿として機能しない。それなら誰を担ぐのが一番いいか、お前たちで決めろ」と言い残したということになります。こうして、石清水八幡宮でのくじ引きによって、義持の弟で仏門に入っていた青蓮院義円、足利義教が将軍になります。

足利義教――神輿化を拒んだ将軍の末路

家臣の合意によって決められた六代将軍・義教（在任一四二九～四一年）は、言うなれば、それだけ神輿化が進んだ将軍ということです。そのまま大人しく神輿として収まっていれば、波風は立たなかった。ところが、義教は将軍であることを強く意識し、非常に意欲的で、自分で政治も軍事も行おうとする前向きな人物でした。

義教の目標となったのは義満の治政でした。足利将軍家の権力を偉大な父のように輝かせようとします。つまり、担がれるだけのはずだった神輿が自分で歩きだし、しかも突っ走ってしまったのです。気に入らなければ、貴族も武士も徹底的に弾圧して、次から次へと配流にし、所領を没収しました。第二章で述べたように、義教が後継者に選ばれた背景には三宝院満済と畠山満家の暗躍があったと思われます。専制を強める義教もこの二人の言うことには耳を傾けていましたが、永享六（一四三四）年ごろまでに満済、満家が相次いで亡くなると、もはや義教を制する者はいなくなりました。

神輿化というのは、家臣である守護大名の総意であるとともに、世の中が安定してきたため、自分で動く神輿が必要なくなったということでもあります。ここが日本の「ぬるさ」なのかもしれませんが、神輿が動かなければならない厳しい環境でない限り、ただ担ぐだけの神輿が世襲されることが秩序を保つ上で最もスムーズなのが日本という社会だと言えるかもしれません。そんなときに勝手に神輿が動けば、世襲に波風が立ち、秩序は乱れます。神輿化は社会の要請であるわけですが、義教はそれを拒んだわけです。

そのために結局、義教は、嘉吉元（一四四一）年に播磨・備前・美作の守護大名だった赤松満祐を失脚させようとして、反対に暗殺されてしまいます。これが嘉吉の乱です。将軍暗殺によって足利幕府の権威は地に落ち、やがて衰退への道を辿っていきます。

足利義政――応仁の乱から室町幕府の終焉、そして戦国時代へ

嘉吉の乱によって義教が討たれた後、その息子でわずか九歳の足利義勝が七代将軍（在任一四四二～四三年）に任じられます。しかし、わずか在任八カ月で亡くなってしまいます。その後、管領の畠山持国らが後見となって、弟の足利義政が後継に選ばれまし

た。元服後に将軍宣下を受け、八代将軍（在任一四四九〜七四年）となります。

日本文学者のドナルド・キーン先生は、義政という人物は政治的にも軍事的にも全く見るべきものはないと酷評しています。政治も軍事も、ということは、二つある将軍権力のいずれをも満たすことのできない、ただの神輿の将軍だったということになるでしょう。

伝足利義政像（東京国立博物館蔵，ColBase）

神輿であることを拒否した父・義教は殺されているわけですから、義政は父の轍《てつ》を踏まずに神輿に甘んじました。ですからおそらく軍事や政治の才能が全くなかったというわけではなく、それを求められていないのを「理解しすぎ」たのかもしれません。

ただし、文化的には義政は非常に優れた仕事をした人物でした。義政の代において、茶の湯や枯山水の庭園などに見られる「侘び」「寂び」「幽玄」といった美的感性が確立します。これは現代にまで続く日本文化の原型のようなものです。義政の祖父にあたる義満は豪華絢爛な金閣寺を建て、北山文化が花開きましたが、義政は日本初の茶室が設けられた書院造の銀閣寺を建て、東山文化が花開きました。

この義政の後継問題に端を発し、家臣の細川グループと斯波グループが対立した、いわゆる応仁の乱が勃発します。この頃の斯波グループは斯波氏が衰えを見せており、派閥自体は山名氏が引き継いで山名グループに姿を変えていました。つまり対立構図としては、細川派対山名派となります。ただしメンバーは、変わっていません。

一般的には応仁の乱は双方の引き分けとされますが、私の見立てでは、細川グループの勝利でした。乱の後、細川氏が管領の職を独占し、鎌倉幕府における北条氏のような立場になったからです。細川氏が実権を握り、将軍は完全に傀儡化するのです。しかし細川氏の場合、北条氏のような長期的な体制を作ることができず、細川氏自体が分裂してしまいました。細川氏の家臣が相争い、細川本家は弱体化していきます。

足利将軍家は、この八代将軍・義政の後、かたちの上では一五代将軍・足利義昭（在任一五六八～八八年。ただし室町幕府は一五七三年に滅亡）まで続きますが、家臣の都合で振り回されるだけであり、存在感の薄い将軍となってしまうのです。こうして群雄割拠の戦国時代に突入し、織田信長、豊臣秀吉と続いて、徳川家康が天下を制し、江戸時代が始まります。

江戸時代の将軍

徳川家康――神となった初代将軍

織田信長、豊臣秀吉の後、天下統一を果たした徳川家康は、征夷大将軍（在任一六〇三〜〇五年）という官職を自ら選び取っています。しかしこの当時、将軍職を選択するというのは、必然でも何でもありませんでした。

家康に先駆けて天下統一にリーチをかけた織田信長の場合、朝廷は将軍、太政大臣、関白のいずれかの官職への推任を申し出ましたが、信長はどの官職にも就かないまま、本能寺の変で討たれました。いわゆる三職推任問題です。逆に言えば、信長はそのような官職を自らの権力の根拠とはしなかったことになります。その後、天下人となった豊臣秀吉は、征夷大将軍ではなく関白となりました。

家康は全国に点在していた『吾妻鏡』を、私財を擲《なげう》って収集した人物でもありましたから、おそらく源頼朝に倣って征夷大将軍を選んだのだろうと推測できます。ただ、ここが家康の面白いところですが、死後になって東照大権現という「神」となり、日光に祀られているのです。しかも朝廷公認の神社として、武士だけでなく、奉幣使というかたちで貴族も日光に参詣するようになります。ことあるごとに、「大権現様がこのように決めた」というような言い方で、この神となった家康、すなわち東照大権現が、その後の徳川将軍家に正当性を付与する立場となっていったのではないかと思えるのです。

本書で述べてきたように、将軍を決めるのは誰かという点で、ここにきて「神の承認」というあり方も考えられる、ということになってきます。つまり、徳川将軍家は東照大権現という神の子孫であることが、その権力の根拠であるとも考えられるのです。

中国の場合、皇帝は天に見出された天子の血をひく者であることが、その正当性の根拠とされてきました。ですから皇帝の血統がきちんと続くことが重要です。そのため、日本の大奥にあたる後宮を厳格に整備し、天子の血の純粋性を保とうとしています。この後宮は男子禁制、つまり天子以外の血が入らないように厳しく取り締まられていて、後宮に入れる男性は去勢された宦官に限られていました。

徳川将軍家では、中国の後宮の日本版である大奥が作られましたが、これは東照大権現との血のつながりを重視したということになるでしょう。家康自身も血統というものを意識し、後継者問題で子孫たちが争わないように、長子相続を原則としました。江戸幕府で儒学が重んじられていくのも、この長子相続をより堅固なものにするためと言えます。

また、あわせて御三家を設けることで、将軍家の血筋が途絶えないようにしました。息子の義直を尾張、頼宣を紀伊、頼房を水戸とそれぞれの藩主とし、この三つの家に対して将軍家に次ぐ家格を与えました。そして徳川将軍家に世継となる人物がいなかった場合に限り、この御三家から将軍を選ぶべしと決めたのです。

この長子相続の確定が、江戸幕府が二六〇年続く要因となったのです。徳川家康については、第六章でより詳しく取り上げたいと思います。

徳川家光——長子相続の徹底

徳川将軍家における長子相続は、三代将軍の徳川家光（在任一六二三〜五一年）を後継に決める際に確定されました。二代将軍・徳川秀忠（在任一六〇五〜二三年）には二人の男児がありました。兄の竹千代と弟の国松です。母親の江姫は国松を溺愛しており、家臣たちも後継としてふさわしいのは弟のほうだと噂していました。この状況を憂えた竹千代の乳母・福（春日局）は、駿府にいた家康に注進します。それを受けた家康は江戸城に赴き、二人の孫の差異を態度で明示しながら、竹千代を三代将軍に指名した——これは後世に作られたエピソードと考えられていますが、家康の存命中に竹千代の将軍継承が決められたことは間違いありません。家康は将軍職を子の秀忠に譲ったのちも、大御所として駿府から政治を行いました。家康によって指名された竹千代が、三代将軍・家光となります。

おそらく家康は、信長や秀吉といった先行する天下人たちを見て、カリスマ的な統治では一代限りで続かないことを思い知らされたのだろうと思います。だからこそ、長子相続というかたちで将軍継承をシステム化することで、個人の能力やカリスマ性には依拠しない体制づくりを目指したのだと思われます。

将軍個人の能力、カリスマ性に依拠しないとは、つまり将軍は神輿でよいということです。このシステムが徹底されたことで、徳川幕府は二六〇年もの長きにわたって存続することになります。神輿と化した家光以降の時代、実務は家臣の側がしっかりと行い、将軍を支えていく体制となります。

ここで重要なのは、徳川幕府を支えた家臣は政治と領地が明確に分けられたということです。これはそのまま譜代大名と外様大名の区分けになります。外様大名は大きな領地を有していましたが、政治には関与できません。反対に譜代大名は外様大名に比べて小さな領地しかあてがわれませんでしたが、政治に参加することができました。領地が大きいということは、その分、多くの兵を養うことができるわけですから、軍事力の大小につながっていきます。つまり、外様大名の軍事を、譜代大名の政治が抑えつける体制になっていたと言えるかもしれません。

同じように将軍を神輿化した鎌倉幕府では、北条氏が軍事と政治の両方を担い、執権として大きな権力を振るいました。しかし江戸時代には、外様大名と譜代大名というかたちで、家臣が担う軍事と政治が分けられています。政治を担う譜代大名の一人が北条氏のように振る舞おうとしても、圧倒的に軍事力が足りないのです。結果、江戸幕府においては、北条氏のように特定の家臣が軍事と政治を担う権力が生まれない仕組みになっていました。江戸幕府は、一〇万石ほどの領地しか持たない譜代大名が代わる代わる政治を行う体制になることで、将軍の地位が守られるというかたちになったと言えます。

三代将軍・家光以降、四代・家綱（在任一六五一〜八〇年）、五代・綱吉（在任一六八〇〜一七〇九年）、六代・家宣（在任一七〇九〜一二年）、七代・家継（在任一七一三〜一六年）の代には、完全に神輿化が進みます。長子相続の継承システムのもと世襲が行われ、将軍自身が勝手に何かをするのではなく、家臣たちに担がれるのがごく自然な状態です。

このように安定した社会状況においては、世襲に波風を立てることなく、四代・家綱のように自分から物言わぬ、家臣に任せっぱなしの将軍のほうが都合がいいわけです。逆に物言う将軍は敬遠されます。

五代・綱吉は「生類憐みの令」を出し、とくに犬を愛護したことから「犬公方」と呼ばれたことは有名です。儒学を重んじた綱吉は、戦国の気風が残る武断政治から徳を重んじる文治政治への転換を完成した人物でした。儒学者・林信篤を大学頭に任じて湯島聖堂を建立するなど、学問を奨励しています。このような武断から文治への転換期にあった綱吉の生類憐みの令も、定められた内容は「将軍御成の道筋に犬猫をつながずに放しておいてもかまわない」といったものだったのですが、それが実行される現場まで行くと、住民を強制的に立ち退かせたり、犬の虐待について密告した者には賞金が支払われたりするなど、かなりエスカレートしてしまったのです。偉い人は現場のことを知らないという典型例だったと言えます。

六代・家宣の代もなかなか良い時代だったと言われていますが、実際に政治を行っていたのは新井白石と間部詮房でしたから、家宣自身がどこまで優秀だったのかはわかりません。

家宣の子で七代将軍となった家継はわずか八歳で亡くなり、徳川将軍家に世継となる男子がいなかったことから、御三家のひとつ紀伊（紀州）徳川家から吉宗が八代将軍（在任一七一六～四五年）となりました。

吉宗自身は紀伊藩の二代藩主・光貞の四男で、そもそも家督を継ぐ人物ではありませんでした。ところが家督を継いだ長兄・綱教、次兄・頼職が相次いで亡くなったため、吉宗が紀伊藩の藩主となります。その一一年後に、七代将軍・家継が亡くなったことで、吉宗のもとに将軍の座が転がり込んでくることになったのです。御三家から将軍になったのは吉宗が

徳川吉宗像（和歌山市立博物館蔵）

はじめてのことで、王統が変わったと言ってよいでしょう。

吉宗は、家康を尊敬して鷹狩りを行ったり、政治に対しても前向きで積極的に活動したりする、自ら動く神輿でした。家康が御三家を立てたことに倣い、吉宗は御三卿を設けています。吉宗の次男・宗武の田安家、四男・宗尹《むねただ》の一橋家、孫・重好の清水家の御三卿は、御三家とともに将軍になれる「家」とされたのです。これにより、長子が将軍を継ぐとともに優秀な血縁者がこれを支える体制が作られました。幕末、最後の将軍となった一五代・慶喜（在任一八六七〜六八年）は、この御三卿のうち一橋家から出ています。

吉宗はただの神輿になることを拒否した、自ら動く人物でしたが、吉宗以降の将軍は再び神輿化が著しくなっていきます。吉宗の長男である家重（在任一七四五〜六〇年）はあまりにも愚鈍で、のちに御三卿となる息子たちのほうが優秀だったため、吉宗も後継者問題に頭を悩ませたと言われています。しかし、吉宗は家康がそうしたように、将軍には特別な才能を要求せず、長子であることを優先して家重を後継者に選びました。つまり担ぐだけの神輿でよいと判断したのです。

神輿化が加速すると、やはり当時の旗本御家人から評判がいい将軍は、「左様せい様」

徳川家斉像（東京大学史料編纂所所蔵模写）

や「そうせい侯」のような物言わぬ神輿ということになります。一一代将軍の家斉（在任一七八七〜一八三七年）は五〇人の女性に五〇人の子どもを産ませ、精力増強のためにオットセイの陰茎の粉末を愛飲していたとされ、「オットセイ将軍」とも呼ばれていますが、人気がありました。この家斉の治政には、賄賂政治が横行した田沼意次と清廉潔白を旨とする松平定信が相次いで登場しますから、やはり将軍自身は確たる定見を持たないただの神輿だったと考えられます。

一四代将軍の家茂（在任一八五八〜六六年）もやはり完全な神輿だったわけですが、彼も人気のある将軍でした。口の立つ幕臣の勝海舟をして、「この将軍に仕えていることは大変に喜ばしい」と言わしめるほどの評判だったとされます。しかし、その勝海舟からボロクソに叩かれたのが、一五代将軍の慶喜でした。慶喜は家康の再来と称される有能な人物で、つまりは動く神輿であり、何でも自分でやろうとする将軍だったのですが、どうも神輿を担ぐ家臣たちからすると、煙たい存在になってしまっていたようです。

第六章
征夷大将軍・徳川家康を考える

関ヶ原の戦後処理

家康の勢力圏

慶長五（一六〇〇）年、徳川家康率いる東軍と豊臣恩顧の大名からなる西軍が衝突した関ヶ原の戦いに勝利した時点で、家康はすでに天下人という地位をほぼ手中に収めたことになります。家康が征夷大将軍になるのは、関ヶ原の戦いから三年後の慶長八（一六〇三）年のことです。けれども一六〇〇年の時点で、将軍という官職を持たないまま、家康は一緒に戦った大名たちに論功行賞として土地の分配を行っています。実態としては、武家の棟梁として振る舞っていたことになります。

つまり、すでに征夷大将軍という官職は名ばかりのもので、中身のない地位にすぎなかったのです。第三章で先述しましたが、室町幕府最後の将軍・足利義昭は幕府滅亡後も一五八八年までは征夷大将軍の座にありましたが、全く存在感はありませんでした。義昭が鞆に拠点を置いたことから、鞆幕府を開いたとする研究者もいますが、実態から

徳川家康像（東京大学史料編纂所所蔵模写）

考えると、何の権限もない名ばかりの征夷大将軍だったことがわかります。私が提案している「臣が将軍を定める」という定義からしても、鞆の義昭を将軍としてありがたがっている家臣などいませんので、鞆幕府は机上の空論でしょう。

さて、関ヶ原の戦いに勝利した家康にとって、自らが天下人であることをどのように表現するかは、自身の判断に委ねられたことになります。そこで重要になるのが、新しい幕府の勢力圏、加えて、それに基づいて本拠地をどこに置くかという問題です。

豊臣恩顧の大名を全てお取り潰しにして、徳川の家臣だけで全国を埋め尽くせるならば、それに越したことはないでしょう。そうすれば徳川家に歯向かう人間もいなくなるわけですが、さすがにそれはできない。この関ヶ原の合戦後の段階では、それまでは秀吉から土地をもらっていた大名が、家康から所領の分配を受けることで、新たな主従関係を結ぶことになります。それまで「徳川殿」と呼んでいたのが、「徳川様」に変わるわけです。このとき徳川の政権を打ち立てることへの反発をいかに抑えるかが課題とならざるを得ませんでした。家康の論功行賞は、敵対した大名に対しての査定が思いのほか甘かったのです。

上杉家と島津家への対応

その一例は上杉家への対応です。会津に本拠を置く上杉景勝に謀反の嫌疑をかけ、家康は軍勢を率いて上杉討伐に向かいました。小山に差し掛かった時点で石田三成ら西軍の挙兵の報に接し、有名な小山評定（実はなかった、という説もあります）が行われて上杉討伐を中止し、江戸へと引き返しました。このとき、家康に付き従った大名たちがそのまま、関ヶ原の戦いにおける東軍を構成します。彼らは家康とともに上杉討伐に向かった時点で、自らを家康の差配に従う者として位置づけていたのです。

つまり、上杉家は関ヶ原の戦いの発端となったわけです。ですから「特Ａクラスの戦犯」です。上杉景勝を配流、謹慎などに処して、上杉家取り潰しでもおかしくはありませんでした。ところが関ヶ原の戦いの後、家康はその所領を一二〇万石から三〇万石に削りましたが、景勝を処断せずに上杉家を存続させました。

別の例として挙げたいのは島津家への対応です。当時の島津家は義久と義弘の兄弟が切り盛りしていましたが、当主の義久は「薩摩第一主義」的な人物でした。そのため、弟の義弘が兄の代理で中央に出てくることになり、その分、豊臣政権や天下の世情について精通していたわけです。その義弘が豊臣家の要求に応えるように兄に勧めても、義久のほうは薩摩が大事なので、関ヶ原の戦いでは一五〇〇の軍勢しか割かなかったわけです。島津氏の規模ならおよそ一万の兵は出せたはずですから、相当に渋っていたことがわかります。

こうして島津家は西軍につき、家康に敵対しました。また、関ヶ原の戦いで西軍が敗走する際に、徳川方に対して大きなダメージを与え、徳川四天王のひとり、井伊直政に深手を負わせました。井伊直政はこの傷が元で亡くなるわけですから、島津の軍勢によって討たれたに等しいわけです。なお島津の一五〇〇の軍勢は、撤退する際に激しい攻撃を受け、生き残った数十人がかろうじて薩摩まで辿り着いたような状態でした。ところが家康はその島津家に対して、領地を減らすこともせず、その存続を許しています。

関ヶ原の戦いで西軍の大将に祭り上げられた毛利輝元も、本来であれば取り潰しになってもおかしくないにもかかわらず、所領を三分の一に削るだけで許されています。また、豊臣秀頼に対しても六〇万石の大名として存続させていて、大坂夏の陣で滅ぼすまでに一五年の歳月をかけています。

これが織田信長であれば、敵対した相手を徹底的に叩き潰すのではないでしょうか。ところが家康はそうしなかった。手柄を挙げた者に新しく領地を与えるためには、敗軍の将から土地を取り上げて褒美の分を確保するわけですが、大名たちの不満が爆発しないように、さまざまに配慮していることがうかがえます。何より驚くのは、天下取りが成功したからといって、譜代の家臣にボーナスを一切出さなかったことです。前章でも述べましたが、その後、譜代大名には領地を与えない代わりに政治に携わる役割を与え、外様大名に対しては領地を多く与えても、政治には関わらせなかったというのは、やはり家康流の統治の特徴だと思います。

前田家への対応

東北（上杉）や中国（毛利）、九州（島津）だけでなく、天下を手中に収めようとする家康にとって不穏な地域というと、北陸の前田家が挙げられるでしょう。豊臣秀吉の死後、幼い秀頼に代わって豊臣政権を担った五大老のうち、加賀百万石で知られる前田利家は、関ヶ原の戦いの一年前に亡くなっています。利家の死によって力を失った前田家に対し、家康はその後上杉家に対して行うのと同じく謀反の嫌疑をかけたのです。

このときの家康は、大きな戦《いくさ》を誘発させるべく画策していました。秀吉の死後、豊臣政権が安定する前に、政権自体を二つに割るような大きな戦を引き起こすことで、新しい天下人に自分がなろうと考えていたのです。秀吉は本能寺の変で織田信長が亡くなった後、明智光秀を倒し、柴田勝家を倒し、織田信長の息子たちや滝川一益、そして徳川家康をも屈服させ、戦いを繰り返していって、いつの間にか天下人になっていました。家康はまさにそれを狙っていた。だから、五大老のうち、最初は前田家を、次に上杉家を刺激して、大きな戦を引き起こそうとしました。

その点、誘いに乗ってしまった上杉家に比べ、前田利家の後を継いだ前田利長は賢く立ち回ったと言えます。利長は家康の思惑を理解し、すぐに謝罪を申し出て、母のお松を人質に差し出したのです。この利長の土下座外交によって戦にはならず、前田家は窮地を脱することができたのでした。

　その後、徳川秀忠の娘・珠姫を後継の前田利常に娶らせることで、徳川家と前田家の友好関係を築き上げます。幼い珠姫が金沢に嫁いでくると、利長は家督を利常に譲り、すべては徳川の婿である利常に任せたよ、というポーズを内外に示し、富山城に隠居しました。

江戸の防備

畿内から離れる家康

地方の外様大名に対しては土地を与えることで中央の政治から遠ざけた家康にとって、自分の本拠として一番都合がいいのはどこかと言えば、まず、自らが治めていたことがある三河、遠江、駿河といった東海地方です。また、一五九〇年から一〇年にわたって治めていた江戸を中心とする関東地方が次に候補に入ってくるでしょう。

北陸の前田家は徳川家に恭順の意を示している。そこで、東海地方と関東地方は徳川家に歯向かう可能性の低い譜代大名で固めるというのが、家康の基本的な考えだったと言えます。

その後、家康は江戸を自らの本拠に選択するわけですが、これは家康以前の天下人だった織田信長、豊臣秀吉の構想とは大きく異なりました。信長は尾張から美濃、近江へと居城を移し、京都へと近づきました。また、その後を継いだ秀吉がすぐに大坂城を居城とできたのは、信長が大坂への本拠の移転を視野に入れ、基礎を整えていたからと言われています。豊臣政権は周知のように大坂、伏見、京都を拠点としました。

信長も秀吉も畿内を目指したわけですから、家康が畿内に政権を作ってもおかしくはなかった。しかし、そうはせずに畿内から距離を置く判断を下します。それは鎌倉幕府の源頼朝の判断に近いと言えるかもしれません。豊臣政権の影響から脱するためにまず物理的に離れようとしたわけです。

古代においても、白村江の戦いに敗れたのち、天智天皇は外に向かうのではなく、内政を整え、新たな国づくりを目指しました。その際、当時としては大陸や半島から距離的に最も遠かったのが、大和や近江だったと言えます。その大和の奥座敷が伊勢神宮というわけです。先述したように、三つの関を挟んで東側に広がる関東はいわば未開の地でしたから、地政学的にはそのような位置関係になるでしょう。都を自分たちの脅威から物理的に最も遠いところに置くということは、防備を固める際の基本と言えるでしょう。家康からすると、関東に拠点を置くのは、豊臣政権の拠点である畿内からなるべく物理的に距離を取り、防備を固めるという意図があったと推測できます。

家康と『吾妻鏡』

関東、つまり江戸に自らの拠点を置くという判断をした家康が、自分の立場をどう表現するか。そこで注目したのが征夷大将軍だったのではないかと思うのです。

征夷大将軍の根拠となるのは、ひとつは鎌倉幕府の正史『吾妻鏡』です。現在、私たちが読んでいる『吾妻鏡』は「北条本」と呼ばれます。豊臣秀吉が小田原の後北条氏（鎌倉幕府の執権北条氏と区別するためこのように呼ばれます）を攻めた際、豊臣方を代表して停戦の交渉に当たったのは黒田官兵衛でしたが、その礼ということで後北条氏から贈られたのが『吾妻鏡』でした。これを官兵衛の子の長政が幕府に献上したことで、徳川家の文庫に所蔵され、北条本と呼ばれるようになったとされます。

ところが近年、この定説が改められました。東大史料編纂所の井上聡先生が調べたところによると、この『吾妻鏡』は後北条氏が持っていたものではなかった。家康が関東入りした頃から私財を擲って使者を派遣し、日本全国に散らばっていた『吾妻鏡』を集めて現在ある形に復元したということがわかったのです。つまりは「北条本」ではなく、「徳川本」もしくは、「家康本」と呼ぶべきなのです。

家康はそれほど『吾妻鏡』に執着し、愛読していたと考えられます。江戸に移って以

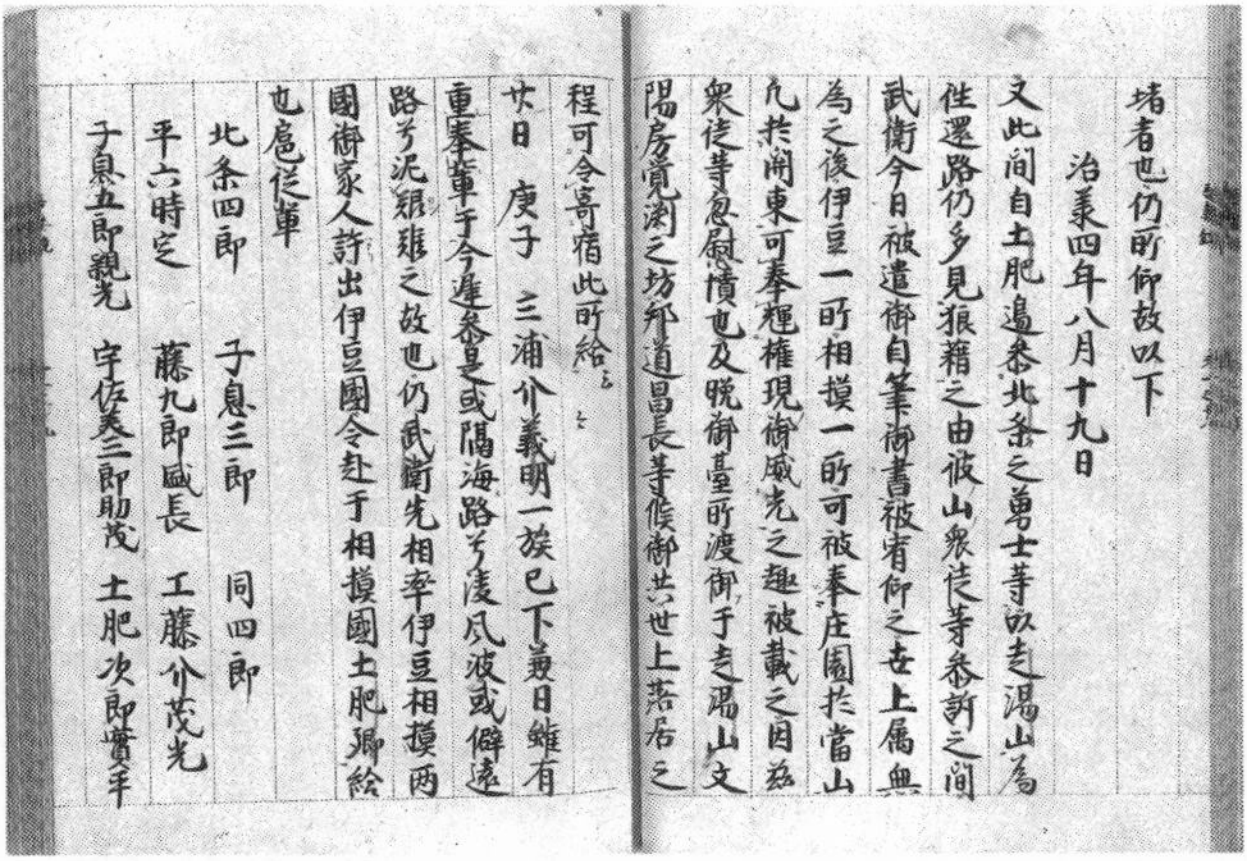
堵者也仍所御故以下
治承四年八月十九日
又此間自土肥邉参北条之勇士等以走湯山爲
往還路仍多見狼藉之由彼山衆徒等参訴之間
武衛今日被遣御自筆御書被宥仰之其上屬無
爲之後伊豆一所相摸一所可被奉庄園於當山
凡於関東可奉崇権現御威光之趣被載之因茲
衆徒等忽慰憤也又既御臺所渡御于走湯山文
陽房覚淵之坊邦道昌長等候御共世上落居之
程可令寄宿此所給云々
廿日　庚子　三浦介義明一族已下兼日雖有
示合事于今遅参是或隔海路凌風波或僻遠
路泥艱難之故也仍武衛先相率伊豆相摸両
國御家人許出伊豆國令赴于相摸國土肥郷給
也扈従輩
北条四郎　子息三郎　同四郎
平六時定　藤九郎盛長　工藤介茂光
子息五郎親光　宇佐美三郎助茂　土肥次郎實平

『吾妻鏡』巻一より（北条本，国立公文書館蔵）．挙兵に際して源頼朝が率いた部下のなかに北条時政（「北条四郎」）・宗時（「子息三郎」）・義時（「同四郎」）が見える

降、東国の武家の歴史を学び、関東で政権づくりをするということを、家康は早い時期から考えていたということになるでしょう。そこで、武家の棟梁として振る舞うことになった段階で、家康は源頼朝に倣って征夷大将軍を選んだわけです。

鎌倉・室町の将軍と家康の違い

誤解してはならないのは、家康は武家の棟梁だから征夷大将軍を自動的に選んだわけではない、ということです。室町幕府の足利尊氏もまた、家康と同じように源頼朝を意識していたのですが、尊氏と家康とでは、征夷大将軍を選んだ意味が異なるのです。

そもそも鎌倉幕府と室町幕府は連続性が高い政権です。例えば、鎌倉幕府が滅んだのち、北条得宗家の生き残りである北条時行が挙兵し、中先代の乱が起きました。結局、反乱は足利尊氏によって鎮圧されるのですが、なぜ「中先代」などという耳慣れない言葉が用いられるのか。それは、鎌倉幕府と室町幕府を一体のものとして考える、という視点が当時から存在していたからです。鎌倉幕府を「先代」とし、室町幕府を「後代」とする。その境目にある過渡期の時期に起きた反乱だったから、「中先代」の乱という呼び方になるわけです。

また、室町幕府では建武式目という法令が制定されていますが、室町幕府の裁判の記録を見ると、鎌倉幕府で作られた御成敗式目も依然として裁決の根拠として使われていることがわかります。つまり、鎌倉幕府の法令は室町幕府の法令でもあるわけで、ここにも連続性を見出すことができるのです。

足利尊氏は、事あるごとに源頼朝を意識して振る舞っていました。その証左として最もわかりやすいのが、前に少し触れた文書です。繰り返しになりますが、頼朝に求められたのは武士たちの土地を安堵することです。その際に、「この土地は間違いなくお前のものであると、将軍であるこの頼朝が認める」と記した下文と呼ばれる文書を出します。尊氏も同様の文書を出しますが、尊氏は頼朝と同じ文書形式を使用していたのです。

これに対して、徳川家康はそうした文書を出していません。そもそも家康は諸大名に対して、文書で土地を安堵することはありませんでした。武士政権の根幹となる主従関係。それを文書という形では表現していません。この一事からしても、家康は頼朝や尊氏とは全く別の次元で政権づくりをしたことになります。ですから、鎌倉幕府・室町幕府と江戸幕府とは連続していない、全くの別物であったとも言えます。

先に述べたとおり、関東に政権を作るにあたって『吾妻鏡』を愛読した家康は、その立場を「征夷大将軍」という地位で示しました。しかし、この征夷大将軍も、頼朝や尊氏の征夷大将軍と連続性のあるものとは言えないだろうと思います。

対西の防衛線

関東地方と東海地方を中心に自分の政権を打ち立てる際、問題となるのは、豊臣恩顧の大名が残る西側です。「西高東低」の法則からすると、やはり、西側のほうが豊かであることには違いない。その西国からの脅威に対して、どのように防備を固めるかという問題が出てきます。

家康は、現在でいう福井県、滋賀県、岐阜県、愛知県をある種の前線と考え、西国に対する防波堤として有力な譜代大名を置きます。つまり、彦根（滋賀県）には井伊直政（直政没後は井伊直孝）、桑名（三重県）に本多忠勝が入りました。本多家はその後、桑名から姫路（兵庫県）へと移ります。また、名古屋には尾張徳川家があります。

譜代大名ではありませんが、外様大名のなかで家康の信頼が厚かった藤堂高虎も、一六〇八年に今治（愛媛県）から津（三重県）へと移ります。しばしば「譜代の先陣は井伊、外様の先陣は藤堂」と言われ、軍事に関してはこの二家がトップだったわけです。

家康が亡くなるのは一六一六年のことですから、家康の晩年の構想としてはおそらく、井伊と本多、尾張徳川家で守りを固め、それに藤堂を加えて敵を迎え撃つというかたちだったと考えられます。

家康の娘たち①督姫――西国への備え

家康は自分の娘たちを有力大名に嫁がせることで、徳川家の体制をより強固なものにしようと考えました。家康には男子一一人、女子五人がいましたが、この五人の娘たちのうち、無事に育ったのは、長女の亀姫と次女の督姫、三女の振姫です。彼女たちを他家に嫁がせ、その娘婿を取り込んでいくかたちを取りました。

　まず、西側に一歩張り出した姫路です。家康は最初、ここに池田輝政を置き、五二万石を与えています。これは非常によい待遇だったと言えます。福岡の黒田長政も同じ五二万石の大名でしたが、石高は同じでも京都に近い姫路のほうが格上ということになります。

　池田輝政の待遇がよかったのは、家康の次女・督姫を妻に迎えたからでした。つまり、姫路には徳川家の親戚が置かれたことになり、池田輝政が西国における江戸幕府の代理人となるわけです。

　その結果、池田氏は一族全体で、九二万石の所領を誇りました。この豊かな財力を使って造られたのが姫路城なのです。姫路城があれほど立派なのは、池田氏の総力を挙げて建造したものだからであり、言ってみれば百万石の城なのです。

　その後、池田家は二つに分かれ、岡山と鳥取にそれぞれ三〇万石ずつの所領を得ることになります。池田家の後には、先述した桑名の本多家が姫路に移ることになり、一五万石を与えられました。また、徳川秀忠の娘・千姫は豊臣秀頼に嫁いでいましたが、大坂の陣ののちに姫路城の本多家に輿入れすることになります。

督姫も千姫もただ嫁に来るというだけでなく、化粧料として一〇万石が付きます。その意味では、これもまた非常に高待遇だったと言えます。

ただ、姫路城は西国に打った楔《くさび》のような役目を果たしているわけですから、一応の不文律として、城主は軍事を行える成人でなければなりませんでした。城主が幼い場合は国替えされてしまいます。本多家の当主は若死にが続き、成人の世継がいなくなってしまったことから、別の土地へ移されることになります。その後、姫路には榊原家や酒井家といった譜代大名の代表格が入り、一五万石のまま続いていきます。

一歩張り出した形の姫路で、本多や榊原、酒井といった譜代大名たちが西国の敵を食い止め、仮にそこを抜かれれば、次に井伊と藤堂の連携で防ぐ。さらにその後ろには徳川御三家の尾張徳川家が控える、というかたちで、家康はきっちりと西への備えを整えていたわけです。

家康の娘たち②亀姫と振姫——東北への備え

関東地方に政権を置くということは、北から攻められる可能性も出てきます。東北地方の中心は会津若松になりますが、かつて上杉家が拠点とした会津には、蒲生秀行が置かれました。蒲生家は織田信長に仕えた家で、徳川の譜代大名とは言えないわけですが、その妻として家康の三女・振姫が嫁いでいます。そのため、六〇万石と大きな石高を与えられました。姫路の池田家と似たようなかたちで、会津には蒲生家を置いたことになります。この蒲生家は当主の若死にのため絶えてしまいました。

また関東から見て、この東北に近く重要な拠点となるのが宇都宮です。関ヶ原の戦いでは、実現はしませんでしたが、もしも上杉家など東北地方の敵が糾合して攻めてきた場合には宇都宮で迎え撃つ布陣がとられていました。この宇都宮に置かれたのが奥平家昌です。家昌の父の信昌は家康の長女・亀姫を妻に迎えています。二人の間に生まれた長男が家昌。いわば家康の外孫代表が東北側の守りに置かれたことになります。

その後、会津には徳川秀忠の子・保科正之が入ります。徳川の親藩大名が会津に置かれたことになります。また庄内には譜代大名の代表、酒井家が入ります。会津の松平（保科正之の子孫）、庄内の酒井、そして宇都宮には代々、奥平家の後も、譜代大名が続く。こうして東北に対する備えも整えられたということになります。

また、東北と言えば仙台に伊達政宗がいますが、当初、家康は娘を嫁がせることで伊達家を取り込もうと考えていました。政宗の嫡子・忠宗と、家康の最後の娘である五女の市姫との婚約を取り決めたのです。しかし、残念ながら市姫が早世し、この話は立ち消えてしまいました（忠宗には家康の次女・督姫所生の振姫が嫁ぎました）。

江戸幕府はなぜ二六〇年続いたのか

政治に関わらない譜代大名

先述したように、譜代大名が政治を、外様大名には領地を、と振り分けることで、家康は、家臣たちが強固な勢力を作る可能性を潰したわけですが、譜代大名のなかでも政治には一切関わらない者もいました。それが関東地方や東海地方の守りの要となる譜代大名たちでした。彼らは譜代大名ながら幕府の政治に関わらず、軍事・防衛を担うことになります。

江戸時代は二六〇年もの長きにわたり平和な時代が続いたので戦いはなく、軍事よりも政治が大事で、大名たちの役割は政治を執り仕切ることだった——私たちはそのように考えがちです。譜代大名が幕府の政治を行い、外様大名はそこに関わることができない。つまり譜代大名にとって重要なのは政治を行うことで、譜代大名のなかでも優秀な者が政治の中枢を担ったと考えがちです。

この譜代大名の代表的な存在として、「徳川四天王」という呼び方があります。もともとそのような呼び方は存在しなかったのですが、おそらくその原型となったと考えられるのが、新井白石の『藩翰譜《はんかんぷ》』という書物です。同書の譜代大名の紹介の部分で最初に記されているのが、酒井家、本多家、榊原家、井伊家の四家なのです。この四つの家を譜代大名のトップ、「武功の家」として描いており、おそらくこれが、徳川四天王のような呼び方になったのではないかと思われます。この四家は、酒井は庄内、井伊は彦根、また本多や榊原は姫路に置かれています。つまり、いずれも関東・東海地方を守り、外敵の侵入を迎え撃つ重要な軍事拠点に置かれているのです。

この事実を考えると、実は譜代大名にとっても、政治よりも軍事が上ということになるでしょう。有事の際には城に立てこもり、敵の攻撃を食い止めて、関東・東海地方に敵が侵入してくるのを防ぐ。そして、味方が援軍を出す時間を稼ぎながら、いざとなれば城を枕に討ち死にする。そのような軍事的行動を担う譜代大名のほうが、日本全国の政治を執り仕切った老中よりも上なのです。ですから酒井、本多、榊原は原則として老中など政治の役職に就かず、幕府政治には関わりませんでした。井伊の場合は大老になっていますが、これは言うなれば名誉職のようなものです。幕末の頃の大老・井伊直弼だけが実際に権力を行使しましたが、これは例外的なことでした。

家康が江戸を拠点とした理由

このように、家康は軍事的にさまざまな備えをしていることがよくわかります。つまり家康にとって、関東・東海地方を徳川の譜代大名で固め、江戸を攻められないようにすることが重要な課題だったわけです。関東を治め、東北を討伐するという意味を持つ「征夷大将軍」を家康が選んだのには、こういう理由もあるのかもしれません。

家康は信長、秀吉とは異なり、京都・大坂といった畿内には近づきませんでした。家康は三河に生まれ、幼少期に育ったのは、今川氏に人質として連れて行かれた駿府です。その後は岡崎に戻り、武田家との戦いに備えて浜松に入るなど、江戸に移るまでは東海地方を本拠としていました。その意味では、京都や大坂には馴染めなかったということもあるのかもしれません。そうであるならば、もし家康が信長のように「三職推任」で、太政大臣、関白、征夷大将軍のなかから選ぶことになったとすれば、やはり征夷大将軍を選んだでしょう。このようにみてくると、家康が江戸を自分の政権の拠点として選んだ理由は、西や北の敵から守りやすかったからではないかと思えてきます。

家康は一六〇五年、征夷大将軍の職を秀忠に譲り、江戸を離れて駿府に移ります。江戸の秀忠、駿府の家康という二頭政治的体制を取りましたが、大御所として政治の実権を握り続けました。天下人は家康であり、そのまま江戸に残ってもおかしくないわけですから、逆に将軍の秀忠が駿府に移って駿府幕府となる可能性もあり得たかもしれません。けれどもその後も将軍が代々、江戸に居住したことで、江戸が徳川政権の根拠地として確立されることになります。

勤勉家という人物像

徳川家康という人物は、私の評価にすぎませんが、織田信長のような天才と比較すると、やはりそこまで才能に秀でていなかったと思います。あるいはアイデアマンの豊臣秀吉のような、天才的なひらめきというものもなかったかもしれない。しかしそれだからこそ、生涯を通して、飽くことなく勉強を続けた人物だったのです。私はそこが家康の優れているところだったと考えています。

家康は自分の足りないところを補うために、学者や学僧、あるいはヨーロッパ人からも学んでいます。儒学者の藤原惺窩《せいか》の講義を受け、彼の弟子の林羅山を家臣としました。

また、僧侶の天海や金地院崇伝、ヨーロッパ人のヤン・ヨーステン（耶揚子）やウィリアム・アダムズ（三浦按針）らをブレーンとしました。

また、先述したように征夷大将軍と名乗っている点や、『吾妻鏡』の収集といったエピソードを考えると、彼はよく歴史を学び、参考にして、熟慮しながら自分の行動を正していったのだろうと考えられます。

晩年の家康の精神性

もうひとつ考えたいのは、家康が江戸を本拠にした際に、なぜ江戸という名前を変えなかったのかという点です。

若い頃の家康は岡崎から浜松へと拠点を移し、この浜松を長期にわたって本拠地としていました。武田信玄と対峙したのも、浜松城にいた頃です。

もともと浜松城は引馬《ひくま》城という名前でした。馬を引くという字面が、馬を連れて逃げるという意味ともとれることから、縁起が悪いと考えた家康は、周辺の地名である浜松という名前に改名させたという逸話があります。ちなみに、当時の武士が好んだ植物は、桜ではなく松でした。桜はすぐに散ってしまいますが、松は常緑でずっと続いていくという点が好まれたとされています。

それでは江戸の場合はどうか。家康は戦いに臨むとき、「厭離穢土《おんりえど》、欣求浄土《ごんぐじょうど》」という旗印を立てていました。これは帰依していた浄土宗に基づくもので、穢土、つまり汚れたこの世を嫌い、浄土を求めるという意味です。となると、「江戸」は穢土を連想させるわけですから、若い頃の家康であれば、引馬から浜松に改名させたように、江戸を改名させたのではないかと思うのです。

ところが、中年の家康はそうはしなかった。ここには学び続けた家康の精神性、メンタリティを見ることができるのではないでしょうか。

基本的にこの世は穢土です。汚れたこと、悪いことに満ちている。そのなかで自分は浄土を追い求めるのだ、つまり「穢土のなかで浄土を求める」という意味で、江戸のままでもいいではないかと考えて、家康は改名しなかったのではないか。私はそのように想像しているのです。その意味で、江戸に本拠を置き、江戸幕府を作るというのは、思想的にも意味のあることだったと言えます。

家康は関ヶ原の戦い以降は、大きな波乱を生じさせないで政権を確立しようとしました。だから、島津家や上杉家、毛利家も潰しませんでした。豊臣秀頼に関しても関ヶ原の戦いから大坂の陣で滅びに追いやるまで一五年もかけています。信長のようにドラスティックに物事を進めると当然、反発も大きくなります。一方、家康は石橋を叩いて渡る、大変に慎重なタイプだと言えます。

天皇と朝廷に対しても、すでにこの当時、政治や軍事に口を出せるほどの実力が備わっていないわけですから、あえて大きな改変を加えなかった。そのままの関係を維持しながら、征夷大将軍という官職をただ任命させるための存在として付き合っていくことになります。

家康による江戸幕府の統治は、家康個人の精神的な成熟もあって、あまり無茶をせず、抑えるところは抑えながら現状を追認していくかたちで行われていったと考えられるでしょう。例えば、福島正則や加藤清正の子の忠広らを処罰したのは、家康の代ではなく、子の秀忠や孫の家光だったことからも、よくわかると言えます。

家康以降の徳川政権

家康の時代、江戸幕府にとっての最前線は姫路でしたが、その姫路の池田輝政に嫁いだのが家康の娘・督姫だと先に述べました。

秀忠の代になると、この池田家は二つに分かれて岡山と鳥取に配置されるわけですが、これも、いわば西の守りを意識してのことと考えられます。岡山のとなりの広島には、福島正則を改易した後に、浅野家を置いています。浅野家の殿様は家康の三女、振姫の子や孫たちでした。

蒲生家に嫁いでいた振姫は、夫の蒲生秀行が三〇歳で亡くなってしまったため、息子の後ろ盾となって、蒲生家の経営に手腕を振るいました。優れた女性だったのです。ところが秀忠は、自分の妹である振姫を、浅野家に再嫁させました。振姫が大変偉かったのは、自分の使命をよくわかっていたところでしょう。自分の子どもを会津に残して浅野家に嫁ぎ、跡取りとなる男児を自分の命と引き換えに生み、その後、亡くなってしまうのです。浅野家としては徳川の血が入った男子の系統が続くことで、家も存続していくわけです。このように徳川と固い絆で結ばれた家が西国に次第に増えていくことになるのです。

こうして、二代、三代と徳川の勢力は西へ西へと伸びていき、四代将軍・家綱や五代将軍・綱吉の頃から武断政治から文治政治へと幕府の政策が転換し、大名の取り潰しがなくなっていきました。

長子相続を決めた徳川家康の思い

家康自身が、徳川将軍家をどのように考えたかといえば、これは第五章でも取り上げましたが、やはり長子相続というルールを確定したことに端的に表れているだろうと思います。

二代将軍・秀忠の二人の息子、竹千代と国松のどちらに将軍家を継がせるかが問題になったとき、家康は年長ではあるがあまり才覚があるとは言えない竹千代を三代将軍とすることを決めました。

これはどういう意味を持つのか。本書でも繰り返し取り上げたように、上に立つ人間は有能である必要はなく、実務は優秀な家臣がやればいいという、将軍をただの神輿とすることを家康が決めたということです。

また、兄弟の順番に関係なく優秀な子に後を継がせることになると、いずれお家騒動に発展し、徳川家自体が割れてしまう可能性があると、家康は考えたのだろうと思います。そのようなリスクを考えたとき、やはり神輿は自分で動く神輿ではなく、担がれるだけの神輿のままでよい。有能な人間である必要はないということに行き着きます。家康はこうして孫やその下の代まで、内紛が起きることをあらかじめ避け、ある種の平和的な解決ができるように取り決めたのです。その結果、徳川将軍家は一五代の長きにわたって、存続することになりました。

このように、先の先のことまで考えていく晩年の家康は、本当にできた人間だったのだろうと思います。

おわりに

神輿化と世襲が繰り返される「ぬるい」社会

「将軍」という神輿は、厳しい時代には神輿そのものが考えて判断を下し、動いていかなければならないけれども、そうでないときはむしろ何も考えずにただ担がれていればいい。そして、そのような神輿を決めるのは、神輿の担ぎ手である家臣たちで、彼らが担ぎやすい神輿を選ぶ。結果、世襲というものが将軍の継承システムとして存続していく——。

このように、然るべき人が上にいると落ち着くというのが、日本人の感性に一番合っていたのだろうと思います。二一世紀の今日、国会議員をはじめとして世襲が多く見られるのもそのためでしょう。政治家の場合、日本ではどれだけ批判を受けたとしても、世襲は行われ、その多くが他の候補者を圧倒して当選してしまう。つまり有権者である日本国民も、世襲政治家でよいと判断しているのです。

世襲政治家は「地盤」「看板」「鞄」と三つの「バン」を受け継ぐとされます。地盤とは、端的に言えば、選挙区における自分を後援してくれる人々です。そこには長年にわたって地元を掌握する秘書がいますが、それもまた城代家老のように世襲によって受け継がれることがしばしばです。

また、オーナー経営の企業でも、跡取り息子が入社すると、よほどのことがない限りは順調に出世して、経営を継ぐことになります。

このように優秀な人間を上に置くのではなく、担ぎやすい人間を上に置くという世襲のかたちを考えると、歴史を通じて今日にいたるまで、日本という社会は、非常に「ぬるい」ということになります。逆に言えば、ぬるい環境が続いているからこそ、波風も立たずにただの神輿を担ぐだけで済んでしまうのです。

しかし、本書で論じてきたように源頼朝や足利尊氏、徳川家康といった自分で積極的に動いた将軍たちが登場したときは、ただの神輿としての将軍のままでは許されないくらい厳しい時代でした。そのような時代には、旧体制を変革し、新たな体制を作り上げる機運が高まっていきます。

しかし、ここがまた日本の「ぬるい」ところなのですが、その多くは外圧によってもたらされたものでした。例えば、江戸時代の日本は長きにわたって鎖国体制を続けるなかで、長子相続に基づく将軍継承、すなわち世襲が繰り返されてきました。世襲が可能だったのも、それだけぬるい社会だったからということなのですが、これが幕末となり、黒船が来航し諸外国から開国を迫られる事態になると、それまでの世襲のシステムでは立ち行かなくなってしまいます。そこで薩摩藩や長州藩を中心とした明治維新が起こり、能力のある人材、言うなればただの神輿にならない人材が積極的に登用されたのです。こうしてヨーロッパの列強と伍して戦うために、才能あるリーダーのもとで、日本社会は近代化の道をひた走りました。

ところが、明治の元勲の次の世代からすぐに世襲が始まったように、ひとたび体制が変わり、安定を見たのちには、再び「ぬるい」社会に戻ってしまうのが日本なのだと思います。

全国に「小さな将軍」がいる現代日本

今日、日本全国にある四二一万企業のうち九九パーセントが中小企業によって占められているといいます。中小企業の多くは、まさに世襲です。中小企業の経営者たちのモチベーションは、自分の会社を少しでも大きくし、子どもの代に伝えたいということでしょう。そうなると、現代の日本には、「小さな将軍」がたくさんいるわけです。

グローバリゼーションと言われて久しい今日、こうした中小企業は、そして日本は、人材抜擢せずに世襲によって「ぬるい」体制を維持しながら、それでいて外国企業との厳しい競争に勝ち抜かなければならないという矛盾に満ちた状況に直面しているのではないでしょうか。今までは、なんだかんだと言って、小さな将軍のいる世襲の会社のほうが、落ち着くし安心でき、のびのびと仕事ができるということでよかったのかもしれませんが、二一世紀も四半世紀に差し掛かろうとしている今日、外国との競争はもっと激化していくでしょう。

日本のひとりあたりの国内総生産（GDP）は、アメリカの六割まで落ち、二〇二七年には韓国に、二〇二八年には台湾に抜かれるという試算まであります。平均賃金で言えば、日本は韓国にすでに抜かれているような状況です。中国、韓国の東アジアだけでなく、東南アジア諸国の成長も著しく、そのようなビジネス競争が激しくなっているなかで、ただの神輿である「小さな将軍」がたくさんいるような状況では、日本はますます劣勢に立たされてしまうのではないでしょうか。

ぬるい環境ではなくなっているにもかかわらず、国や企業の舵取りをするトップが世襲によって選ばれた「神輿としての将軍」であり続けるならば、気がついたときには日本は、本当に貧しい国に転落してしまっている可能性もあります。

しかし、明治維新の頃のように、かつて日本は世襲には依拠しない、才能のある人材を抜擢していくフェアな競争をリーダーたちが行っていた時代があったのです。これまで本書で見てきた将軍の歴史から学ぶことがあるとすれば、今こそ、日本社会における世襲というあり方を再考すべきなのかもしれません。

ただし、私が提言したいのは、あくまでも再考です。やみくもな否定ではありません。本書で見てきたように世襲にも長所があります。日本らしさ、のような価値は、世襲と密接な関係を持っています。私たちはどういう「未来の日本」を選ぶのか。将軍がいた長い歴史を振り返りながら、考えていきましょう。

ラクレとは…la clef=フランス語で「鍵」の意味です。
情報が氾濫するいま、時代を読み解き指針を示す
「知識の鍵」を提供します。

中公新書ラクレ
789

「将軍《しょうぐん》」の日本史《にほんし》

2023年 3 月10日発行

著者……本郷和人《ほんごうかずと》

発行者……安部順一
発行所……中央公論新社
〒100-8152 東京都千代田区大手町 1-7-1
電話……販売 03-5299-1730　編集 03-5299-1870
URL https://www.chuko.co.jp/

本文印刷……三晃印刷
カバー印刷……大熊整美堂
製本……小泉製本

Published by CHUOKORON-SHINSHA, INC.
Printed in Japan　ISBN978-4-12-150789-1　C1221

中公新書ラクレ　好評既刊

L630
上皇の日本史

本郷和人 著

外国では、退位した王・皇帝に特別な呼称はない。いったん退位すれば、その権威・権力はすべて次の王・皇帝に引き継がれるからである。ところが日本では、退位した天皇は「上皇」と呼ばれ、ときに政治の実権を掌握してきた。では「上皇」とは、どのような存在なのか？　二百年ぶりの天皇の譲位、上皇の登場を機に、上皇の歴史を辿り、現代における天皇・皇室、そして日本と日本人を考えるための視座を提示する。

L719
「失敗」の日本史

本郷和人 著

メディアで引っ張りだこの東京大学史料編纂所・本郷和人先生が、「日本史×失敗」をテーマにした新書を刊行！　元寇の原因、実は鎌倉幕府側にあった？　生涯のライバル、上杉謙信・武田信玄ともに跡取り問題でしくじったのはなぜ？　明智光秀重用は織田信長の失敗だと断言できる？　日本史を彩る英雄たちの「失敗」を検証しつつ、そこからの学び、さらには「もし成功していたら」というifまで展開。失敗の中にこそ、豊かな〝学び〟はある！

L758
「合戦」の日本史
――城攻め、奇襲、兵站、陣形のリアル

本郷和人 著

戦後、日本の歴史学においては、合戦＝軍事の研究が一種のタブーとされてきました。このため、織田信長の桶狭間の奇襲戦法、源義経の一ノ谷の戦いにおける鵯越の逆落としなどは、「盛って」語られるばかりで、学問的に価値のある資料から解き明かされたことはありません。城攻め、奇襲、兵站、陣形……。歴史ファンたちが大好きなテーマですが、本当のところはどうだったのでしょうか。本書ではこうした合戦のリアルに迫ります。